Smakfullt Hjärta
En Bok om Lågt Natriumintag

Anna Lindström

Innehåll

Kyckling och linsmix 11
Kyckling och blomkål 13
Tomat och morot basilika soppa 15
Fläsk med sötpotatis 16
Öring och morotssoppa 17
Kalkon och fänkålsgryta 18
Aubergine soppa 19
Sötpotatisgrädde 20
Kyckling och svampsoppa 21
Lime laxpanna 23
Potatissallad 24
Nötfärs och tomatpanna 26
Räk- och avokadosallad 27
grädde av broccoli 28
Kålsoppa 29
Selleri och blomkålssoppa 30
Fläsk och purjolökssoppa 31
Mintade räkor och broccolisallad 32
Räk- och torsksoppa 34
Blandade räkor och salladslök 36
Spenatgryta 37
Curry blomkål mix 39
Morot och zucchini gryta 41
Gryta med kål och gröna bönor 43

Chilisoppa 44

Chili fläsk 46

Svampsallad med paprika och lax 47

Blandade kikärter och potatis 49

Kardemumma kycklingmix 51

Lins Chili 53

Dash Diet Side Dish Recept 55

Rosmarin endive 56

Citronendive 57

Sparris med pesto 58

Morötter Paprika 59

Krämig potatisgryta 60

Sesamkål 62

Broccoli med koriander 63

Brysselkål med chili 64

Blandade brysselkål och salladslök 65

Mosad blomkål 66

avokadosallad 67

Rädissallad 68

Citronendivesallad 69

Blandning av oliver och majs 70

Ruccola och pinjenötssallad 71

Mandel och spenat 72

Sallad med gröna bönor och majs 73

Endivie och grönkålssallad 74

Edamame sallad 75

Druv- och avokadosallad 76

Blandad aubergine med oregano 77
Bakad tomatmix 78
Timjan svamp 79
Spenat och majsröra 80
Fry majs och salladslök 81
Spenat och mango sallad 82
Senapspotatis 83
Kokos brysselkål 84
Salvia morötter 85
Vitlökssvamp och majs 86
Gröna bönor med pesto 87
Tomater dragon 88
Rödbetor med mandel 89
Tomater med mynta och majs 90
Zucchini och avokado salsa 91
Blanda äpplen och kål 92
Rostade rödbetor 93
Dillkål 94
Kål och morotssallad 95
Tomat och olivsalsa 96
Zucchinisallad 97
Currymorotssallad 98
Sallad och rödbetssallad 99
Rädisa med fina örter 100
Bakad fänkålsblandning 101
Rostad paprika 102
Dadlar och kålröra 103

Blandade svarta bönor ... 104

Blandning av oliv och endive ... 105

Tomat och gurksallad ... 106

Peppar och morotssallad ... 107

Blandade svarta bönor och ris ... 108

Blandat ris och blomkål ... 110

Balsamic Bean Mix ... 111

Krämiga rödbetor ... 112

Blandad avokado och paprika ... 113

Sötpotatis och rostade rödbetor ... 114

Grönkålsröra ... 115

Kryddiga morötter ... 116

Citronärtskockor ... 117

Broccoli, bönor och ris ... 118

Bakad squashblandning ... 119

Krämig sparris ... 120

Basilika Rova Mix ... 121

Blandning av ris och kapris ... 122

Blandad spenat och grönkål ... 123

Senapsgrön woka ... 124

Bok Choy Mix ... 125

Blandade gröna bönor och aubergine ... 126

Blandning av oliver och kronärtskockor ... 127

Peppar och gurkmeja dip ... 128

Linsspridning ... 129

Rostade nötter ... 130

Tranbärsrutor ... 131

Blomkålsstänger 132

Mandel och frön skålar 133

Potatis chips 134

Grönkålsdopp 135

Rödbetschips 136

Zucchini Dip 137

Blandning av frön och äpplen 138

Pumpa Spread 139

Spenatpålägg 140

Olive och koriander salsa 141

Gräslöks- och betdopp 142

Gurksalsa 143

Kikärtsdipp 144

Olivdipp 145

Kokos Lök Dip 146

Pinjenötter och kokosdipp 147

Ruccola och gurksalsa 148

Ost dipp 149

Paprika och yoghurtdipp 150

Blomkålssalsa 151

Räkpålägg 152

Persika salsa 153

Morotschips 154

Sparrisbitar 155

Bakade fikonskålar 156

Kål och räkor salsa 157

Advokatbostäder 158

Citrondipp … 159

Sötpotatisdip … 160

Bönsalsa … 161

Salsa av gröna bönor … 162

Morotsspridning … 163

Tomatdip … 164

Laxskålar … 165

Tomat och majssalsa … 166

Bakad svamp … 167

Bönspridning … 168

Koriander Fänkål Salsa … 169

Brysselkålsbitar … 170

Balsamiska nötbitar … 171

Rädisa chips … 172

Purjolöks- och räksallad … 173

Purjolöksdipp … 174

Pepparsallad … 175

Avokadopålägg … 176

Majsdopp … 177

Bönbarer … 178

Blandade pumpafrön och äppelchips … 179

Tomat och yoghurtdipp … 180

Cayenne rödbetor skålar … 181

Skålar med valnöt och pekannöt … 182

Persilja laxmuffins … 183

Squashbollar … 184

Ostpärllökskålar … 185

Broccolibars 186
Ananas och tomat salsa 187
Blandad kalkon och kronärtskockor 188
Oregano Turkietmix 190
apelsinkyckling 191
Kalkon med vitlök och svamp 193
Kyckling och olivgryta 195
Balsamisk blandning av kalkon och persikor 197
Kokos kyckling och spenat 198
Kyckling och sparrisblandning 200
Krämig kalkon och broccoli 201
Blandade gröna bönor med kyckling och dill 202
Zucchini med kyckling och chili 203
Blandad avokado och kyckling 205
Turkiet och Bok Choy 206
Kyckling med rödlökmix 207
Varm kalkon och ris 208
Citronpurjolök och kyckling 210
Kalkon med Savoy Kål Mix 211
Paprikalökskyckling 212
Kyckling och senapssås 213
Kyckling och selleri blanda 214
Limekalkon med babypotatis 216
Senapsgrön kyckling 218
Ugnsbakad kyckling och äpplen 220

Kyckling och linsmix

Förberedelsetid: 10 minuter
Tillagningstid: 25 minuter
Portioner: 4

Ingredienser:
- 1 kopp konserverade tomater, utan salt tillsatt, hackade
- Svartpeppar efter smak
- 1 msk chipotlepasta
- 1 pund kycklingbröst, utan skinn, utan ben och tärningar
- 2 dl konserverade linser, inget salt tillsatt, avrunna och sköljda
- ½ matsked olivolja
- 1 gul lök, hackad
- 2 msk koriander, hackad

Vägbeskrivning:
1. Hetta upp en panna med oljan på medelvärme, tillsätt lök och chipotlepastan, rör om och fräs i 5 minuter.
2. Tillsätt kycklingen, rör om och bryn i 5 minuter.
3. Tillsätt resten av ingredienserna, blanda, koka allt i 15 minuter, dela upp i skålar och servera.

Näring: kalorier 369, fett 17,6, fiber 9, kolhydrater 44,8, protein 23,5

Kyckling och blomkål

Förberedelsetid: 5 minuter
Tillagningstid: 25 minuter
Portioner: 4

Ingredienser:
- 1 pund kycklingbröst, utan skinn, utan ben och tärningar
- 2 dl blomkålsbuketter
- 1 matsked olivolja
- 1 rödlök, hackad
- 1 msk balsamvinäger
- ½ dl röd paprika, hackad
- En nypa svartpeppar
- 2 vitlöksklyftor, hackade
- ½ kopp kycklingbuljong med låg natriumhalt
- 1 kopp konserverade tomater, utan salt tillsatt, hackade

Vägbeskrivning:
1. Hetta upp en panna med oljan på medelhög värme, tillsätt lök, vitlök och kött och fräs i 5 minuter.
2. Tillsätt resten av ingredienserna, blanda och koka på medelvärme i 20 minuter.
3. Dela upp allt i skålar och servera till lunch.

Näring: kalorier 366, fett 12, fibrer 5,6, kolhydrater 44,3, protein 23,7

Tomat och morot basilika soppa

Förberedelsetid: 10 minuter
Tillagningstid: 20 minuter
Portioner: 4

Ingredienser:
- 3 vitlöksklyftor, hackade
- 1 gul lök, hackad
- 3 morötter, hackade
- 1 matsked olivolja
- 20 uns rostade tomater, inget salt tillsatt
- 2 dl grönsaksbuljong med låg natriumhalt
- 1 msk basilika, torkad
- 1 dl kokosgrädde
- En nypa svartpeppar

Vägbeskrivning:
1. Hetta upp en panna med olja på medelvärme, tillsätt lök och vitlök och fräs i 5 minuter.
2. Tillsätt resten av ingredienserna, rör om, låt koka upp, koka i 15 minuter, mixa soppan med en stavmixer, dela i skålar och servera till lunch.

Näring: kalorier 244, fett 17,8, fibrer 4,7, kolhydrater 18,6, protein 3,8

Fläsk med sötpotatis

Förberedelsetid: 10 minuter
Tillagningstid: 30 minuter
Portioner: 4

Ingredienser:
- 4 benfria fläskkotletter
- 1 pund sötpotatis, skalad och skuren i fjärdedelar
- 1 matsked olivolja
- 1 kopp grönsaksbuljong, låg natriumhalt
- En nypa svartpeppar
- 1 tsk oregano, torkad
- 1 tsk rosmarin, torkad
- 1 tsk basilika, torkad

Vägbeskrivning:
1. Hetta upp en panna med oljan på medelhög värme, lägg i fläskkotletterna och låt koka i 4 minuter på varje sida.
2. Tillsätt sötpotatisen och resten av ingredienserna, lägg på locket och koka på medelvärme i 20 minuter till, rör om då och då.
3. Dela allt mellan tallrikar och servera.

Näring: kalorier 424, fett 23,7, fibrer 5,1, kolhydrater 32,3, protein 19,9

Öring och morotssoppa

Förberedelsetid: 10 minuter
Tillagningstid: 25 minuter
Portioner: 4

Ingredienser:
- 1 gul lök, hackad
- 12 dl fiskbuljong med låg natriumhalt
- 1 pund morötter, skivade
- 1 pund öringfiléer, benfria, skinnfria och i tärningar
- 1 msk söt paprika
- 1 dl tomater, skurna i tärningar
- 1 matsked olivolja
- Svartpeppar efter smak

Vägbeskrivning:
1. Hetta upp en panna med oljan på medelhög värme, tillsätt löken, rör om och fräs i 5 minuter.
2. Tillsätt fisken, morötterna och resten av ingredienserna, låt koka upp och koka på medelvärme i 20 minuter.
3. Häll upp soppan i skålar och servera.

Näring: kalorier 361, fett 13,4, fibrer 4,6, kolhydrater 164, protein 44,1

Kalkon och fänkålsgryta

Förberedelsetid: 10 minuter
Tillagningstid: 45 minuter
Portioner: 4

Ingredienser:
- 1 kalkonbröst, utan skinn, utan ben och skuren i tärningar
- 2 fänkålslökar, skivade
- 1 matsked olivolja
- 2 lagerblad
- 1 gul lök, hackad
- 1 kopp konserverade tomater, inget salt tillsatt
- 2 buljonger med låg natriumhalt
- 3 vitlöksklyftor, hackade
- Svartpeppar efter smak

Vägbeskrivning:
1. Hetta upp en panna med oljan på medelvärme, tillsätt löken och köttet och bryn i 5 minuter.
2. Tillsätt fänkålen och resten av ingredienserna, låt koka upp och koka på medelvärme i 40 minuter, rör om då och då.
3. Dela grytan i skålar och servera.

Näring: kalorier 371, fett 12,8, fibrer 5,3, kolhydrater 16,7, protein 11,9

Aubergine soppa

Förberedelsetid: 10 minuter
Tillagningstid: 30 minuter
Portioner: 4

Ingredienser:
- 2 stora auberginer, skurna i stora tärningar
- 1 liter grönsaksbuljong med låg natriumhalt
- 2 matskedar tomatpuré utan tillsatt salt
- 1 rödlök, hackad
- 1 matsked olivolja
- 1 msk koriander, hackad
- En nypa svartpeppar

Vägbeskrivning:
1. Hetta upp en panna med oljan på medelvärme, tillsätt löken, rör om och fräs i 5 minuter.
2. Tillsätt aubergine och övriga ingredienser, låt koka upp på medelvärme, koka i 25 minuter, dela i skålar och servera.

Näring: kalorier 335, fett 14,4, fiber 5, kolhydrater 16,1, protein 8,4

Sötpotatisgrädde

Förberedelsetid: 10 minuter
Tillagningstid: 25 minuter
Portioner: 4

Ingredienser:
- 4 koppar grönsaksbuljong
- 2 matskedar avokadoolja
- 2 sötpotatisar, skalade och skurna i tärningar
- 2 gula lökar, hackade
- 2 vitlöksklyftor, hackade
- 1 kopp kokosmjölk
- En nypa svartpeppar
- ½ tsk basilika, hackad

Vägbeskrivning:
1. Hetta upp en panna med oljan på medelvärme, tillsätt lök och vitlök, rör om och fräs i 5 minuter.
2. Tillsätt sötpotatisen och resten av ingredienserna, låt koka upp och koka på medelvärme i 20 minuter.
3. Mixa soppan med en stavmixer, häll upp i skålar och servera till lunch.

Näring: kalorier 303, fett 14,4, fiber 4, kolhydrater 9,8, protein 4,5

Kyckling och svampsoppa

Förberedelsetid: 10 minuter
Tillagningstid: 30 minuter
Portioner: 4

Ingredienser:
- 1 liter grönsaksbuljong, låg natriumhalt
- 1 msk ingefära, riven
- 1 gul lök, hackad
- 1 matsked olivolja
- 1 pund kycklingbröst, utan skinn, utan ben och tärningar
- ½ pund vita svampar, skivade
- 4 thailändska chilipeppar, hackade
- ¼ kopp limejuice
- ¼ kopp koriander, hackad
- En nypa svartpeppar

Vägbeskrivning:
1. Hetta upp en panna med oljan på medelvärme, tillsätt lök, ingefära, chili och kött, rör om och fräs i 5 minuter.
2. Tillsätt svampen, rör om och koka ytterligare 5 minuter.
3. Tillsätt de återstående ingredienserna, låt koka upp och koka på medelvärme i ytterligare 20 minuter.
4. Häll upp soppan i skålar och servera genast.

Näring: kalorier 226, fett 8,4, fibrer 3,3, kolhydrater 13,6, protein 28,2

Lime laxpanna

Förberedelsetid: 10 minuter
Tillagningstid: 20 minuter
Portioner: 4

Ingredienser:
- 4 laxfiléer, benfria
- 3 vitlöksklyftor, hackade
- 1 gul lök, hackad
- Svartpeppar efter smak
- 2 matskedar olivolja
- Saft av 1 lime
- 1 msk limeskal, rivet
- 1 msk timjan, hackad

Vägbeskrivning:
1. Hetta upp en panna med oljan på medelhög värme, tillsätt lök och vitlök, rör om och fräs i 5 minuter.
2. Lägg i fisken och stek i 3 minuter på varje sida.
3. Tillsätt resten av ingredienserna, låt koka i 10 minuter till, dela mellan tallrikar och servera till lunch.

Näring: kalorier 315, fett 18,1, fiber 1,1, kolhydrater 4,9, protein 35,1

Potatissallad

Förberedelsetid: 10 minuter
Tillagningstid: 20 minuter
Portioner: 4

Ingredienser:
- 2 tomater, hackade
- 2 avokado, urkärnade och hackade
- 2 koppar babyspenat
- 2 salladslökar, hackade
- 1 pund gyllene potatis, kokt, skalad och skuren i fjärdedelar
- 1 matsked olivolja
- 1 matsked citronsaft
- 1 gul lök, hackad
- 2 vitlöksklyftor, hackade
- Svartpeppar efter smak
- 1 knippe koriander, hackad

Vägbeskrivning:
1. Hetta upp en stekpanna med olja på medelhög värme, tillsätt lök, salladslök och vitlök, rör om och fräs i 5 minuter.
2. Tillsätt potatisen, blanda försiktigt och koka 5 minuter till.
3. Tillsätt resten av ingredienserna, blanda, koka på medelvärme i ytterligare 10 minuter, dela upp i skålar och servera till lunch.

Näring: kalorier 342, fett 23,4, fibrer 11,7, kolhydrater 33,5, protein 5

Nötfärs och tomatpanna

Förberedelsetid: 10 minuter
Tillagningstid: 20 minuter
Portioner: 4

Ingredienser:
- 1 pund nötkött, malet
- 1 rödlök, hackad
- 1 matsked olivolja
- 1 kopp körsbärstomater, halverade
- ½ röd paprika, hackad
- Svartpeppar efter smak
- 1 msk gräslök, hackad
- 1 msk rosmarin, hackad
- 3 matskedar nötbuljong med låg natriumhalt

Vägbeskrivning:
1. Hetta upp en panna med olja på medelvärme, tillsätt lök och paprika, rör om och fräs i 5 minuter.
2. Tillsätt köttet, rör om och bryn i ytterligare 5 minuter.
3. Tillsätt resten av ingredienserna, blanda, koka i 10 minuter, dela i skålar och servera till lunch.

Näring: kalorier 320, fett 11,3, fibrer 4,4, kolhydrater 18,4, protein 9

Räk- och avokadosallad

Förberedelsetid: 5 minuter
Tillagningstid: 0 minuter
Portioner: 4

Ingredienser:
- 1 apelsin, skalad och skuren i fjärdedelar
- 1 pund räkor, kokta, skalade och deveirade
- 2 koppar baby ruccola
- 1 avokado, urkärnad, skalad och skuren i tärningar
- 2 matskedar olivolja
- 2 matskedar balsamvinäger
- Saft av ½ apelsin
- Salt och svartpeppar

Vägbeskrivning:
1. I en salladsskål, kombinera räkorna med apelsinerna och övriga ingredienser, blanda och servera till lunch.

Näring: kalorier 300, fett 5,2, fiber 2, kolhydrater 11,4, protein 6,7

grädde av broccoli

Förberedelsetid: 10 minuter
Tillagningstid: 40 minuter
Portioner: 4

Ingredienser:
- 2 pund broccolibuketter
- 1 gul lök, hackad
- 1 matsked olivolja
- Svartpeppar efter smak
- 2 vitlöksklyftor, hackade
- 3 dl nötbuljong med låg natriumhalt
- 1 kopp kokosmjölk
- 2 msk koriander, hackad

Vägbeskrivning:
1. Hetta upp en panna med oljan på medelvärme, tillsätt lök och vitlök, rör om och fräs i 5 minuter.
2. Tillsätt broccoli och andra ingredienser utom kokosmjölk, låt koka upp och koka på medelvärme i 35 minuter till.
3. Mixa soppan med en stavmixer, tillsätt kokosmjölken, mixa igen, dela i skålar och servera.

Näring: kalorier 330, fett 11,2, fibrer 9,1, kolhydrater 16,4, protein 9,7

Kålsoppa

Förberedelsetid: 10 minuter
Tillagningstid: 40 minuter
Portioner: 4

Ingredienser:
- 1 stort grönkålshuvud, grovt riven
- 1 gul lök, hackad
- 1 matsked olivolja
- Svartpeppar efter smak
- 1 purjolök, hackad
- 2 koppar konserverade tomater, låg natriumhalt
- 4 dl kycklingbuljong, låg natriumhalt
- 1 msk koriander, hackad

Vägbeskrivning:
1. Hetta upp en panna med oljan på medelvärme, tillsätt lök och purjolök, rör om och koka i 5 minuter.
2. Tillsätt kålen och resten av ingredienserna förutom koriandern, låt koka upp och koka på medelvärme i 35 minuter.
3. Häll soppan i skålar, strö över koriander och servera.

Näring: kalorier 340, fett 11,7, fiber 6, kolhydrater 25,8, protein 11,8

Selleri och blomkålssoppa

Förberedelsetid: 10 minuter
Tillagningstid: 40 minuter
Portioner: 4

Ingredienser:
- 2 pund blomkålsbuketter
- 1 rödlök, hackad
- 1 matsked olivolja
- 1 dl tomatpuré
- Svartpeppar efter smak
- 1 dl selleri, hackad
- 6 dl kycklingbuljong med låg natriumhalt
- 1 msk dill, hackad

Vägbeskrivning:
4. Hetta upp en panna med oljan på medelhög värme, tillsätt lök och selleri, rör om och fräs i 5 minuter.
5. Tillsätt blomkålen och övriga ingredienser, låt koka upp och koka på medelvärme i 35 minuter till.
6. Fördela soppan i skålar och servera.

Näring: kalorier 135, fett 4, fibrer 8, kolhydrater 21,4, protein 7,7

Fläsk och purjolökssoppa

Förberedelsetid: 10 minuter
Tillagningstid: 40 minuter
Portioner: 4

Ingredienser:
- 1 pund fläskgryta kött, i tärningar
- Svartpeppar efter smak
- 5 purjolök, hackad
- 1 gul lök, hackad
- 2 matskedar olivolja
- 1 msk persilja, hackad
- 6 dl lågnatrium nötköttsbuljong

Vägbeskrivning:
4. Hetta upp en panna med oljan på medelhög värme, tillsätt lök och purjolök, rör om och fräs i 5 minuter.
5. Tillsätt köttet, rör om och bryn i ytterligare 5 minuter.
6. Tillsätt resten av ingredienserna, låt koka upp och koka på medelvärme i 30 minuter.
7. Häll upp soppan i skålar och servera.

Näring: kalorier 395, fett 18,3, fibrer 2,6, kolhydrater 18,4, protein 38,2

Mintade räkor och broccolisallad

Förberedelsetid: 5 minuter
Tillagningstid: 20 minuter
Portioner: 4

Ingredienser:
- 1/3 kopp lågnatrium grönsaksbuljong
- 2 matskedar olivolja
- 2 dl broccolibuktor
- 1 pund räkor, skalade och deveirade
- Svartpeppar efter smak
- 1 gul lök, hackad
- 4 körsbärstomater, halverade
- 2 vitlöksklyftor, hackade
- Saften av ½ citron
- ½ kopp kalamataoliver, urkärnade och halverade
- 1 msk mynta, hackad

Vägbeskrivning:
1. Hetta upp en panna med oljan på medelhög värme, tillsätt lök och vitlök, rör om och fräs i 3 minuter.
2. Tillsätt räkorna, blanda och koka ytterligare 2 minuter.
3. Tillsätt broccolin och övriga ingredienser, blanda, koka i 10 minuter, dela upp i skålar och servera till lunch.

Näring: kalorier 270, fett 11,3, fibrer 4,1, kolhydrater 14,3, protein 28,9

Räk- och torsksoppa

Förberedelsetid: 10 minuter
Tillagningstid: 20 minuter
Portioner: 4

Ingredienser:
- 1 liter kycklingbuljong med låg natriumhalt
- ½ pund skalade och deveinerade räkor
- ½ pund torskfiléer, benfria, skinnfria och skurna i tärningar
- 2 matskedar olivolja
- 2 tsk chilipulver
- 1 tsk söt paprika
- 2 schalottenlök, hackade
- En nypa svartpeppar
- 1 msk dill, hackad

Vägbeskrivning:
1. Hetta upp en panna med oljan på medelvärme, tillsätt schalottenlök, rör om och fräs i 5 minuter.
2. Tillsätt räkor och torsk och koka ytterligare 5 minuter.
3. Tillsätt resten av ingredienserna, låt koka upp och koka på medelvärme i 10 minuter.
4. Fördela soppan i skålar och servera.

Näring: kalorier 189, fett 8,8, fibrer 0,8, kolhydrater 3,2, protein 24,6

Blandade räkor och salladslök

Förberedelsetid: 10 minuter
Tillagningstid: 10 minuter
Portioner: 4

Ingredienser:
- 2 pund skalade och deveinerade räkor
- 1 kopp körsbärstomater, halverade
- 1 matsked olivolja
- 4 salladslökar, hackade
- 1 msk balsamvinäger
- 1 msk gräslök, hackad

Vägbeskrivning:
1. Hetta upp en panna med oljan på medelvärme, tillsätt lök och körsbärstomater, rör om och fräs i 4 minuter.
2. Tillsätt räkorna och övriga ingredienser, koka 6 minuter till, dela mellan tallrikar och servera.

Näring: kalorier 313, fett 7,5, fiber 1, kolhydrater 6,4, protein 52,4

Spenatgryta

Förberedelsetid: 10 minuter
Tillagningstid: 15 minuter
Portioner: 4

Ingredienser:
- 1 matsked olivolja
- 1 tsk ingefära, riven
- 2 vitlöksklyftor, hackade
- 1 gul lök, hackad
- 2 tomater, hackade
- 1 kopp konserverade tomater, inget salt tillsatt
- 1 tsk spiskummin, mald
- En nypa svartpeppar
- 1 dl grönsaksbuljong med låg natriumhalt
- 2 pund spenatblad

Vägbeskrivning:
1. Hetta upp en panna med oljan på medelvärme, tillsätt ingefära, vitlök och lök, rör om och fräs i 5 minuter.
2. Tillsätt tomater, konserverade tomater och andra ingredienser, blanda försiktigt, låt koka upp och koka ytterligare 10 minuter.
3. Dela grytan i skålar och servera.

Näring: kalorier 123, fett 4,8, fibrer 7,3, kolhydrater 17, protein 8,2

Curry blomkål mix

Förberedelsetid: 10 minuter
Tillagningstid: 25 minuter
Portioner: 4

Ingredienser:
- 1 rödlök, hackad
- 1 matsked olivolja
- 2 vitlöksklyftor, hackade
- 1 röd paprika, hackad
- 1 grön paprika, hackad
- 1 matsked limejuice
- 1 pund blomkålsbuketter
- 14 uns konserverade tomater, hackade
- 2 teskedar currypulver
- En nypa svartpeppar
- 2 koppar kokosgrädde
- 1 msk koriander, hackad

Vägbeskrivning:
1. Hetta upp en panna med oljan på medelvärme, tillsätt lök och vitlök, blanda och koka i 5 minuter.
2. Tillsätt paprikan och övriga ingredienser, låt allt koka upp och koka på medelvärme i 20 minuter.
3. Fördela allt i skålar och servera.

Näring: kalorier 270, fett 7,7, fibrer 5,4, kolhydrater 12,9, protein 7

Morot och zucchini gryta

Förberedelsetid: 10 minuter
Tillagningstid: 30 minuter
Portioner: 4

Ingredienser:
- 1 gul lök, hackad
- 2 matskedar olivolja
- 2 vitlöksklyftor, hackade
- 4 zucchini, skivade
- 2 morötter, skivade
- 1 tsk söt paprika
- ¼ tesked chilipulver
- En nypa svartpeppar
- ½ kopp tomater, hackade
- 2 dl grönsaksbuljong med låg natriumhalt
- 1 msk gräslök, hackad
- 1 msk rosmarin, hackad

Vägbeskrivning:
1. Hetta upp en panna med oljan på medelvärme, tillsätt lök och vitlök, rör om och fräs i 5 minuter.
2. Tillsätt zucchinin, morötterna och övriga ingredienser, låt koka upp och koka i 25 minuter till.
3. Dela grytan i skålar och servera direkt till lunch.

Näring: kalorier 272, fett 4,6, fibrer 4,7, kolhydrater 14,9, protein 9

Gryta med kål och gröna bönor

Förberedelsetid: 10 minuter
Tillagningstid: 25 minuter
Portioner: 4

Ingredienser:
- 2 matskedar olivolja
- 1 rödkålshuvud, riven
- 1 rödlök, hackad
- 1 pund gröna bönor, putsade och halverade
- 2 vitlöksklyftor, hackade
- 7 uns konserverade tomater, hackade utan tillsatt salt
- 2 dl grönsaksbuljong med låg natriumhalt
- En nypa svartpeppar
- 1 msk dill, hackad

Vägbeskrivning:
1. Hetta upp en panna med oljan på medelvärme, tillsätt lök och vitlök, rör om och fräs i 5 minuter.
2. Tillsätt kålen och övriga ingredienser, rör om, täck över och låt sjuda på medelvärme i 20 minuter.
3. Dela i skålar och servera till lunch.

Näring: kalorier 281, fett 8,5, fibrer 7,1, kolhydrater 14,9, protein 6,7

Chilisoppa

Förberedelsetid: 5 minuter
Tillagningstid: 30 minuter
Portioner: 4

Ingredienser:
- 1 gul lök, hackad
- 1 matsked olivolja
- 1 röd paprika, hackad
- 1 tsk chilipulver
- ½ tsk varm paprika
- 4 vitlöksklyftor, hackade
- 1 pund vita svampar, skivade
- 6 dl grönsaksbuljong med låg natriumhalt
- 1 dl tomater, hackade
- ½ msk persilja, hackad

Vägbeskrivning:
1. Hetta upp en panna med oljan på medelvärme, tillsätt lök, chili, varm paprika, chilipulver och vitlök, rör om och fräs i 5 minuter.
2. Tillsätt svampen, rör om och koka ytterligare 5 minuter.
3. Tillsätt resten av ingredienserna, låt koka upp och koka på medelvärme i 20 minuter.
4. Fördela soppan i skålar och servera.

Näring: kalorier 290, fett 6,6, fibrer 4,6, kolhydrater 16,9, protein 10

Chili fläsk

Förberedelsetid: 10 minuter
Tillagningstid: 30 minuter
Portioner: 4

Ingredienser:
- 2 pund fläskgryta kött, i tärningar
- 2 matskedar chilipasta
- 1 gul lök, hackad
- 2 vitlöksklyftor, hackade
- 1 matsked olivolja
- 2 dl lågnatrium nötköttsbuljong
- 1 msk oregano, hackad

Vägbeskrivning:
1. Hetta upp en panna med oljan på medelhög värme, tillsätt lök och vitlök, rör om och fräs i 5 minuter.
2. Tillsätt köttet och bryn i ytterligare 5 minuter.
3. Tillsätt de återstående ingredienserna, låt koka upp och koka på medelvärme i ytterligare 20 minuter.
4. Fördela blandningen i skålar och servera.

Näring: kalorier 363, fett 8,6, fiber 7, kolhydrater 17,3, protein 18,4

Svampsallad med paprika och lax

Förberedelsetid: 10 minuter
Tillagningstid: 20 minuter
Portioner: 4

Ingredienser:
- 10 uns rökt lax, låg natriumhalt, benfri, utan skinn och tärningar
- 2 salladslökar, hackade
- 2 röda paprikor, hackade
- 1 matsked olivolja
- ½ tsk oregano, torkad
- ½ tsk rökt paprika
- En nypa svartpeppar
- 8 uns vita svampar, skivade
- 1 matsked citronsaft
- 1 kopp svarta oliver, urkärnade och halverade
- 1 msk persilja, hackad

Vägbeskrivning:
1. Hetta upp en panna med oljan på medelvärme, tillsätt lök och chilipeppar, rör om och koka i 4 minuter.
2. Tillsätt svampen, rör om och bryn dem i 5 minuter.
3. Tillsätt laxen och övriga ingredienser, blanda, koka i 10 minuter till, dela i skålar och servera till lunch.

Näring:kalorier 321, fett 8,5, fibrer 8, kolhydrater 22,2, protein 13,5

Blandade kikärter och potatis

Förberedelsetid: 10 minuter
Tillagningstid: 30 minuter
Portioner: 4

Ingredienser:
- 2 matskedar olivolja
- 1 kopp konserverade kikärter, inget salt tillsatt, avrunna och sköljda
- 1 pund sötpotatis, skalad och skuren i fjärdedelar
- 4 vitlöksklyftor, hackade
- 2 schalottenlök, hackade
- 1 kopp konserverade tomater, utan salt tillsatt och hackad
- 1 tsk koriander, mald
- 2 tomater, hackade
- 1 dl grönsaksbuljong med låg natriumhalt
- En nypa svartpeppar
- 1 matsked citronsaft
- 1 msk koriander, hackad

Vägbeskrivning:
1. Hetta upp en panna med oljan på medelvärme, tillsätt schalottenlök och vitlök, rör om och fräs i 5 minuter.
2. Tillsätt kikärtorna, potatisen och övriga ingredienser, låt koka upp och koka på medelvärme i 25 minuter.
3. Dela upp allt i skålar och servera till lunch.

Näring: kalorier 341, fett 11,7, fiber 6, kolhydrater 14,9, protein 18,7

Kardemumma kycklingmix

Förberedelsetid: 10 minuter
Tillagningstid: 30 minuter
Portioner: 4

Ingredienser:
- 1 matsked olivolja
- 1 pund kycklingbröst, utan skinn, utan ben och tärningar
- 1 schalottenlök, hackad
- 1 msk ingefära, riven
- 2 vitlöksklyftor, hackade
- 1 tsk kardemumma, mald
- ½ tsk gurkmejapulver
- 1 tsk limejuice
- 1 kopp kycklingbuljong med låg natriumhalt
- 1 msk koriander, hackad

Vägbeskrivning:
1. Hetta upp en panna med oljan på medelhög värme, tillsätt schalottenlök, ingefära, vitlök, kardemumma och gurkmeja, rör om och fräs i 5 minuter.
2. Lägg i köttet och bryn det i 5 minuter.
3. Tillsätt resten av ingredienserna, låt allt koka upp och koka i 20 minuter.
4. Fördela blandningen i skålar och servera.

Näring: kalorier 175, fett 6,5, fibrer 0,5, kolhydrater 3,3, protein 24,7

Lins Chili

Förberedelsetid: 10 minuter
Tillagningstid: 35 minuter
Portioner: 6

Ingredienser:
- 1 grön paprika, hackad
- 1 matsked olivolja
- 2 vårlökar, hackade
- 2 vitlöksklyftor, hackade
- 24 uns konserverade linser, inget salt tillsatt, avrunna och sköljda
- 2 koppar grönsaksbuljong
- 2 msk chilipulver, mild
- ½ tsk chipotlepulver
- 30 uns konserverade tomater, inget salt tillsatt, hackade
- En nypa svartpeppar

Vägbeskrivning:
1. Hetta upp en panna med oljan på medelvärme, tillsätt lök och vitlök, rör om och fräs i 5 minuter.
2. Tillsätt peppar, linser och övriga ingredienser, låt koka upp och koka på medelvärme i 30 minuter.
3. Dela chilin i skålar och servera till lunch.

Näring: kalorier 466, fett 5, fibrer 37,6, kolhydrater 77,9, protein 31,2

Dash Diet Side Dish Recept

Rosmarin endive

Förberedelsetid: 10 minuter
Tillagningstid: 20 minuter
Portioner: 4

Ingredienser:
- 2 endivi, halverad på längden
- 2 matskedar olivolja
- 1 tsk rosmarin, torkad
- ½ tsk gurkmejapulver
- En nypa svartpeppar

Vägbeskrivning:
1. I en ugnsform, kombinera endiverna med oljan och andra ingredienser, blanda försiktigt, placera i ugnen och grädda vid 400 grader F i 20 minuter.
2. Dela mellan tallrikar och servera som tillbehör.

Näring: kalorier 66, fett 7,1, fiber 1, kolhydrater 1,2, protein 0,3

Citronendive

Förberedelsetid: 10 minuter
Tillagningstid: 20 minuter
Portioner: 4

Ingredienser:
- 4 endivier, halverade på längden
- 1 matsked citronsaft
- 1 msk citronskal, rivet
- 2 msk fettfri parmesan, riven
- 2 matskedar olivolja
- En nypa svartpeppar

Vägbeskrivning:
1. I en ugnsform, kombinera endiverna med citronsaften och övriga ingredienser utom parmesanen och blanda.
2. Strö över parmesanen, koka endiverna vid 400 grader F i 20 minuter, dela mellan tallrikar och servera som tillbehör.

Näring: kalorier 71, fett 7,1, fibrer 0,9, kolhydrater 2,3, protein 0,9

Sparris med pesto

Förberedelsetid: 10 minuter
Tillagningstid: 20 minuter
Portioner: 4

Ingredienser:
- 1 pund sparris, putsad
- 2 msk basilikapesto
- 1 matsked citronsaft
- En nypa svartpeppar
- 3 matskedar olivolja
- 2 msk koriander, hackad

Vägbeskrivning:
1. Ordna den sparrisklädda bakplåten, tillsätt peston och andra ingredienser, blanda, sätt in i ugnen och grädda vid 400 grader F i 20 minuter.
2. Dela mellan tallrikar och servera som tillbehör.

Näring: kalorier 114, fett 10,7, fibrer 2,4, kolhydrater 4,6, protein 2,6

Morötter Paprika

Förberedelsetid: 10 minuter
Tillagningstid: 30 minuter
Portioner: 4

Ingredienser:
- 1 pund babymorötter, putsade
- 1 msk söt paprika
- 1 tsk limejuice
- 3 matskedar olivolja
- En nypa svartpeppar
- 1 tsk sesamfrön

Vägbeskrivning:
1. Ordna morötterna på en plåt täckt med bakplåtspapper, tillsätt paprikan och de andra ingredienserna utom sesamfröna, blanda, sätt in i ugnen och tillaga i 400 grader F i 30 minuter.
2. Dela morötterna mellan tallrikar, strö över sesamfrön och servera som tillbehör.

Näring: kalorier 142, fett 11,3, fibrer 4,1, kolhydrater 11,4, protein 1,2

Krämig potatisgryta

Förberedelsetid: 10 minuter
Tillagningstid: 1 timme
Portioner: 8

Ingredienser:
- 1 pund gyllene potatis, skalad och skuren i fjärdedelar
- 2 matskedar olivolja
- 1 rödlök, hackad
- 2 vitlöksklyftor, hackade
- 2 koppar kokosgrädde
- 1 msk timjan, hackad
- ¼ tesked muskot, mald
- ½ kopp mager parmesan, riven

Vägbeskrivning:
1. Hetta upp en panna med olja på medelvärme, tillsätt lök och vitlök och fräs i 5 minuter.
2. Tillsätt potatisen och bryn den i 5 minuter till.
3. Tillsätt grädden och resten av ingredienserna, blanda försiktigt, låt koka upp och koka på medelvärme i ytterligare 40 minuter.
4. Fördela blandningen mellan tallrikar och servera som tillbehör.

Näring: kalorier 230, fett 19,1, fibrer 3,3, kolhydrater 14,3, protein 3,6

Sesamkål

Förberedelsetid: 10 minuter
Tillagningstid: 20 minuter
Portioner: 4

Ingredienser:
- 1 pund grönkål, grovt riven
- 2 matskedar olivolja
- En nypa svartpeppar
- 1 schalottenlök, hackad
- 2 vitlöksklyftor, hackade
- 2 matskedar balsamvinäger
- 2 teskedar varm paprika
- 1 tsk sesamfrön

Vägbeskrivning:
1. Hetta upp en panna med olja på medelvärme, tillsätt schalottenlök och vitlök och fräs i 5 minuter.
2. Tillsätt kålen och övriga ingredienser, blanda, koka på medelvärme i 15 minuter, dela mellan tallrikar och servera.

Näring: kalorier 101, fett 7,6, fibrer 3,4, kolhydrater 84, protein 1,9

Broccoli med koriander

Förberedelsetid: 10 minuter
Tillagningstid: 30 minuter
Portioner: 4

Ingredienser:
- 2 matskedar olivolja
- 1 pund broccolibuketter
- 2 vitlöksklyftor, hackade
- 2 msk chilisås
- 1 matsked citronsaft
- En nypa svartpeppar
- 2 msk koriander, hackad

Vägbeskrivning:
1. I en ugnsform, kombinera broccolin med oljan, vitlöken och andra ingredienser, rör om lite, sätt in i ugnen och grädda vid 400 grader F i 30 minuter.
2. Fördela blandningen mellan tallrikar och servera som tillbehör.

Näring: kalorier 103, fett 7,4, fiber 3, kolhydrater 8,3, protein 3,4

Brysselkål med chili

Förberedelsetid: 10 minuter
Tillagningstid: 25 minuter
Portioner: 4

Ingredienser:

- 1 matsked olivolja
- 1 pund brysselkål, putsad och halverad
- 2 vitlöksklyftor, hackade
- ½ kopp låg fetthalt mozzarella, strimlad
- En nypa krossade pepparflingor

Vägbeskrivning:

1. I en ugnsform, kombinera groddarna med oljan och övriga ingredienser utom osten och blanda.
2. Strö osten ovanpå, sätt in i ugnen och grädda vid 400 grader F i 25 minuter.
3. Dela mellan tallrikar och servera som tillbehör.

Näring: kalorier 91, fett 4,5, fibrer 4,3, kolhydrater 10,9, protein 5

Blandade brysselkål och salladslök

Förberedelsetid: 10 minuter
Tillagningstid: 25 minuter
Portioner: 4

Ingredienser:
- 2 matskedar olivolja
- 1 pund brysselkål, putsad och halverad
- 3 salladslökar, hackade
- 2 vitlöksklyftor, hackade
- 1 msk balsamvinäger
- 1 msk söt paprika
- En nypa svartpeppar

Vägbeskrivning:
1. I en ugnsform, kombinera brysselkålen med oljan och andra ingredienser, blanda och grädda vid 400 grader F i 25 minuter.
2. Fördela blandningen mellan tallrikar och servera.

Näring: kalorier 121, fett 7,6, fibrer 5,2, kolhydrater 12,7, protein 4,4

Mosad blomkål

Förberedelsetid: 10 minuter
Tillagningstid: 25 minuter
Portioner: 4

Ingredienser:
- 2 pund blomkålsbuketter
- ½ kopp kokosmjölk
- En nypa svartpeppar
- ½ dl gräddfil med låg fetthalt
- 1 msk koriander, hackad
- 1 msk gräslök, hackad

Vägbeskrivning:
1. Lägg blomkålen i en kastrull, täck med vatten, låt koka upp på medelvärme, koka i 25 minuter och låt rinna av.
2. Mosa blomkålen, tillsätt mjölk, svartpeppar och grädde, vispa väl, dela mellan tallrikar, strö över resten av ingredienserna och servera.

Näring: kalorier 188, fett 13,4, fibrer 6,4, kolhydrater 15, protein 6,1

avokadosallad

Förberedelsetid: 5 minuter
Tillagningstid: 0 minuter
Portioner: 4

Ingredienser:
- 2 matskedar olivolja
- 2 avokado, skalade, urkärnade och skurna i fjärdedelar
- 1 kopp kalamataoliver, urkärnade och halverade
- 1 dl tomater, skurna i tärningar
- 1 msk ingefära, riven
- En nypa svartpeppar
- 2 koppar baby ruccola
- 1 msk balsamvinäger

Vägbeskrivning:
1. I en skål, kombinera avokadon med kalamata och övriga ingredienser, blanda och servera som tillbehör.

Näring: kalorier 320, fett 30,4, fibrer 8,7, kolhydrater 13,9, protein 3

Rädissallad

Förberedelsetid: 5 minuter
Tillagningstid: 0 minuter
Portioner: 4

Ingredienser:
- 2 salladslökar, skivade
- 1 pund rädisor, i tärningar
- 2 matskedar balsamvinäger
- 2 matskedar olivolja
- 1 tsk chilipulver
- 1 kopp svarta oliver, urkärnade och halverade
- En nypa svartpeppar

Vägbeskrivning:
1. I en stor salladsskål, kombinera rädisorna med löken och övriga ingredienser, blanda och servera som tillbehör.

Näring: kalorier 123, fett 10,8, fibrer 3,3, kolhydrater 7, protein 1,3

Citronendivesallad

Förberedelsetid: 5 minuter
Tillagningstid: 0 minuter
Portioner: 4

Ingredienser:
- 2 endivier, grovt riven
- 1 msk dill, hackad
- ¼ kopp citronsaft
- ¼ kopp olivolja
- 2 koppar babyspenat
- 2 tomater, i tärningar
- 1 gurka, skivad
- ½ kopp valnötter, hackade

Vägbeskrivning:
1. I en stor skål, kombinera endiverna med spenaten och övriga ingredienser, blanda och servera som tillbehör.

Näring: kalorier 238, fett 22,3, fibrer 3,1, kolhydrater 8,4, protein 5,7

Blandning av oliver och majs

Förberedelsetid: 5 minuter
Tillagningstid: 0 minuter
Portioner: 4

Ingredienser:
- 2 matskedar olivolja
- 1 msk balsamvinäger
- En nypa svartpeppar
- 4 koppar majs
- 2 dl svarta oliver, urkärnade och halverade
- 1 rödlök, hackad
- ½ kopp körsbärstomater, halverade
- 1 msk basilika, hackad
- 1 msk jalapeno, hackad
- 2 dl romainesallat, strimlad

Vägbeskrivning:
1. I en stor skål, kombinera majsen med oliver, sallad och övriga ingredienser, blanda väl, dela mellan tallrikar och servera som tillbehör.

Näring: kalorier 290, fett 16,1, fibrer 7,4, kolhydrater 37,6, protein 6,2

Ruccola och pinjenötssallad

Förberedelsetid: 5 minuter
Tillagningstid: 0 minuter
Portioner: 4

Ingredienser:
- ¼ kopp granatäpplekärnor
- 5 koppar baby ruccola
- 6 matskedar salladslök, hackad
- 1 msk balsamvinäger
- 2 matskedar olivolja
- 3 matskedar pinjenötter
- ½ schalottenlök, hackad

Vägbeskrivning:
1. I en salladsskål, kombinera ruccolan med granatäpplet och övriga ingredienser, blanda och servera.

Näring: kalorier 120, fett 11,6, fibrer 0,9, kolhydrater 4,2, protein 1,8

Mandel och spenat

Förberedelsetid: 10 minuter
Tillagningstid: 0 minuter
Portioner: 4

Ingredienser:
- 2 matskedar olivolja
- 2 avokado, skalade, urkärnade och skurna i fjärdedelar
- 3 koppar babyspenat
- ¼ kopp mandel, rostad och hackad
- 1 matsked citronsaft
- 1 msk koriander, hackad

Vägbeskrivning:
1. Blanda i en skål avokadon med mandel, spenat och övriga ingredienser, blanda och servera som tillbehör.

Näring: kalorier 181, fett 4, fibrer 4,8, kolhydrater 11,4, protein 6

Sallad med gröna bönor och majs

Förberedelsetid: 4 minuter
Tillagningstid: 0 minuter
Portioner: 4

Ingredienser:
- Saft av 1 lime
- 2 dl romainesallat, strimlad
- 1 kopp majs
- ½ pund haricots verts, blancherade och halverade
- 1 gurka, hackad
- 1/3 dl gräslök, hackad

Vägbeskrivning:
1. I en skål, kombinera haricots verts med majs och övriga ingredienser, blanda och servera.

Näring: kalorier 225, fett 12, fibrer 2,4, kolhydrater 11,2, protein 3,5

Endivie och grönkålssallad

Förberedelsetid: 4 minuter
Tillagningstid: 0 minuter
Portioner: 4

Ingredienser:
- 3 matskedar olivolja
- 2 endivier, putsade och rivna
- 2 matskedar limejuice
- 1 msk limeskal, rivet
- 1 rödlök, skivad
- 1 msk balsamvinäger
- 1 pund grönkål, riven
- En nypa svartpeppar

Vägbeskrivning:
1. Kombinera endiverna i en skål med grönkålen och övriga ingredienser, blanda väl och servera kall som en sallad.

Näring: kalorier 270, fett 11,4, fiber 5, kolhydrater 14,3, protein 5,7

Edamame sallad

Förberedelsetid: 5 minuter
Tillagningstid: 6 minuter
Portioner: 4

Ingredienser:
- 2 matskedar olivolja
- 2 matskedar balsamvinäger
- 2 vitlöksklyftor, hackade
- 3 koppar edamame, skal
- 1 msk gräslök, hackad
- 2 schalottenlök, hackade

Vägbeskrivning:
1. Hetta upp en panna med oljan på medelvärme, tillsätt edamame, vitlök och övriga ingredienser, blanda, koka i 6 minuter, dela mellan tallrikar och servera.

Näring: kalorier 270, fett 8,4, fibrer 5,3, kolhydrater 11,4, protein 6

Druv- och avokadosallad

Förberedelsetid: 5 minuter
Tillagningstid: 0 minuter
Portioner: 4

Ingredienser:
- 2 koppar babyspenat
- 2 avokado, skalade, urkärnade och skurna i stora tärningar
- 1 gurka, skivad
- 1 och ½ koppar gröna druvor, halverade
- 2 matskedar avokadoolja
- 1 matsked cidervinäger
- 2 msk persilja, hackad
- En nypa svartpeppar

Vägbeskrivning:
1. I en salladsskål, kombinera babyspenaten med avokadon och övriga ingredienser, blanda och servera.

Näring: kalorier 277, fett 11,4, fiber 5, kolhydrater 14,6, protein 4

Blandad aubergine med oregano

Förberedelsetid: 10 minuter
Tillagningstid: 20 minuter
Portioner: 4

Ingredienser:
- 2 stora auberginer, skurna i stora tärningar
- 1 msk oregano, hackad
- ½ kopp mager parmesan, riven
- ¼ tesked vitlökspulver
- 2 matskedar olivolja
- En nypa svartpeppar

Vägbeskrivning:
1. I en ugnsform, kombinera auberginema med oregano och de andra ingredienserna utom osten och blanda.
2. Strö över parmesan ovanpå, sätt in i ugnen och grädda vid 370 grader F i 20 minuter.
3. Dela mellan tallrikar och servera som tillbehör.

Näring: kalorier 248, fett 8,4, fiber 4, kolhydrater 14,3, protein 5,4

Bakad tomatmix

Förberedelsetid: 10 minuter
Tillagningstid: 20 minuter
Portioner: 4

Ingredienser:
- 2 pund tomater, halverade
- 1 msk basilika, hackad
- 3 matskedar olivolja
- Skal av 1 citron, rivet
- 3 vitlöksklyftor, hackade
- ¼ kopp låg fetthalt parmesan, riven
- En nypa svartpeppar

Vägbeskrivning:
1. I en ugnsform, kombinera tomaterna med basilikan och de andra ingredienserna utom osten och blanda.
2. Strö över parmesanen, sätt in i ugnen på 375 grader F i 20 minuter, dela mellan tallrikar och servera som tillbehör.

Näring: kalorier 224, fett 12, fibrer 4,3, kolhydrater 10,8, protein 5,1

Timjan svamp

Förberedelsetid: 10 minuter
Tillagningstid: 30 minuter
Portioner: 4

Ingredienser:
- 2 pund vita svampar, halverade
- 4 vitlöksklyftor, hackade
- 2 matskedar olivolja
- 1 msk timjan, hackad
- 2 msk persilja, hackad
- Svartpeppar efter smak

Vägbeskrivning:
1. I en ugnsform, kombinera svampen med vitlöken och andra ingredienser, blanda, placera i ugnen och grädda vid 400 grader F i 30 minuter.
2. Dela mellan tallrikar och servera som tillbehör.

Näring: kalorier 251, fett 9,3, fiber 4, kolhydrater 13,2, protein 6

Spenat och majsröra

Förberedelsetid: 10 minuter
Tillagningstid: 15 minuter
Portioner: 4

Ingredienser:
- 1 kopp majs
- 1 pund spenatblad
- 1 tsk söt paprika
- 1 matsked olivolja
- 1 gul lök, hackad
- ½ kopp basilika, riven
- En nypa svartpeppar
- ½ tsk röd paprikaflingor

Vägbeskrivning:
1. Hetta upp en panna med oljan på medelhög värme, tillsätt löken, rör om och fräs i 5 minuter.
2. Tillsätt majs, spenat och övriga ingredienser, blanda, koka på medelvärme i ytterligare 10 minuter, dela mellan tallrikar och servera.

Näring: kalorier 201, fett 13,1, fibrer 2,5, kolhydrater 14,4, protein 3,7

Fry majs och salladslök

Förberedelsetid: 10 minuter
Tillagningstid: 15 minuter
Portioner: 4

Ingredienser:
- 4 koppar majs
- 1 matsked avokadoolja
- 2 schalottenlök, hackade
- 1 tsk chilipulver
- 2 msk tomatpuré, inget salt tillsatt
- 3 salladslökar, hackade
- En nypa svartpeppar

Vägbeskrivning:
1. Hetta upp en panna med oljan på medelhög värme, tillsätt salladslöken och chilipulvret, rör om och fräs i 5 minuter.
2. Tillsätt majs och övriga ingredienser, blanda, koka i ytterligare 10 minuter, dela mellan tallrikar och servera som tillbehör.

Näring: kalorier 259, fett 11,1, fibrer 2,6, kolhydrater 13,2, protein 3,5

Spenat och mango sallad

Förberedelsetid: 10 minuter
Tillagningstid: 0 minuter
Portioner: 4

Ingredienser:
- 1 dl mango, skalad och tärnad
- 4 koppar babyspenat
- 1 matsked olivolja
- 2 vårlökar, hackade
- 1 matsked citronsaft
- 1 msk kapris, avrunnen, inget salt tillsatt
- 1/3 kopp mandel, hackad

Vägbeskrivning:
1. I en skål, kombinera spenaten med mangon och övriga ingredienser, blanda och servera.

Näring: kalorier 200, fett 7,4, fiber 3, kolhydrater 4,7, protein 4,4

Senapspotatis

Förberedelsetid: 5 minuter
Tillagningstid: 1 timme
Portioner: 4

Ingredienser:
- 1 pund gyllene potatis, skalad och skuren i fjärdedelar
- 2 matskedar olivolja
- En nypa svartpeppar
- 2 msk rosmarin, hackad
- 1 matsked dijonsenap
- 2 vitlöksklyftor, hackade

Vägbeskrivning:
1. I en ugnsform, kombinera potatisen med oljan och andra ingredienser, blanda, placera i ugnen på 400 grader F och koka i ca 1 timme.
2. Dela mellan tallrikar och servera genast som tillbehör.

Näring: kalorier 237, fett 11,5, fibrer 6,4, kolhydrater 14,2, protein 9

Kokos brysselkål

Förberedelsetid: 5 minuter
Tillagningstid: 30 minuter
Portioner: 4

Ingredienser:
- 1 pund brysselkål, putsad och halverad
- 1 dl kokosgrädde
- 1 matsked olivolja
- 2 schalottenlök, hackade
- En nypa svartpeppar
- ½ dl cashewnötter, hackade

Vägbeskrivning:
1. I en stekpanna, kombinera groddarna med grädden och resten av ingredienserna, blanda och grädda i 30 minuter vid 350 grader F.
2. Dela mellan tallrikar och servera som tillbehör.

Näring: kalorier 270, fett 6,5, fibrer 5,3, kolhydrater 15,9, protein 3,4

Salvia morötter

Förberedelsetid: 10 minuter
Tillagningstid: 30 minuter
Portioner: 4

Ingredienser:
- 2 matskedar olivolja
- 2 teskedar söt paprika
- 1 pund morötter, skalade och grovt tärningar
- 1 rödlök, hackad
- 1 msk salvia, hackad
- En nypa svartpeppar

Vägbeskrivning:
1. I en ugnsform, kombinera morötterna med oljan och andra ingredienser, blanda och grädda vid 380 grader F i 30 minuter.
2. Dela mellan tallrikar och servera.

Näring: kalorier 200, fett 8,7, fibrer 2,5, kolhydrater 7,9, protein 4

Vitlökssvamp och majs

Förberedelsetid: 10 minuter
Tillagningstid: 20 minuter
Portioner: 4

Ingredienser:
- 1 pund vita svampar, halverade
- 2 koppar majs
- 2 matskedar olivolja
- 4 vitloksklyftor, hackade
- 1 kopp konserverade tomater, utan salt tillsatt, hackade
- En nypa svartpeppar
- ½ tsk chilipulver

Vägbeskrivning:
1. Hetta upp en panna med oljan på medelvärme, tillsätt svamp, vitlök och majs, rör om och fräs i 10 minuter.
2. Tillsätt resten av ingredienserna, blanda, koka på medelvärme i 10 minuter till, dela mellan tallrikar och servera.

Näring: kalorier 285, fett 13, fibrer 2,2, kolhydrater 14,6, protein 6,7.

Gröna bönor med pesto

Förberedelsetid: 10 minuter
Tillagningstid: 15 minuter
Portioner: 4

Ingredienser:
- 2 msk basilikapesto
- 2 teskedar söt paprika
- 1 pund gröna bönor, putsade och halverade
- Saften av 1 citron
- 2 matskedar olivolja
- 1 rödlök, skivad
- En nypa svartpeppar

Vägbeskrivning:
1. Hetta upp en panna med oljan på medelhög värme, tillsätt löken, rör om och fräs i 5 minuter.
2. Tillsätt bönorna och resten av ingredienserna, blanda, koka på medelvärme i 10 minuter, dela mellan tallrikar och servera.

Näring: kalorier 280, fett 10, fibrer 7,6, kolhydrater 13,9, protein 4,7

Tomater dragon

Förberedelsetid: 5 minuter
Tillagningstid: 0 minuter
Portioner: 4

Ingredienser:
- 1 och ½ matskedar olivolja
- 1 pund tomater, skurna i fjärdedelar
- 1 matsked limejuice
- 1 msk limeskal, rivet
- 2 msk dragon, hackad
- En nypa svartpeppar

Vägbeskrivning:
1. I en skål, kombinera tomaterna med de andra ingredienserna, blanda och servera som en sallad.

Näring: kalorier 170, fett 4, fibrer 2,1, kolhydrater 11,8, protein 6

Rödbetor med mandel

Förberedelsetid: 10 minuter
Tillagningstid: 30 minuter
Portioner: 4

Ingredienser:
- 4 rödbetor, skalade och skurna i fjärdedelar
- 3 matskedar olivolja
- 2 msk mandel, hackad
- 2 matskedar balsamvinäger
- En nypa svartpeppar
- 2 msk persilja, hackad

Vägbeskrivning:
1. I en ugnsform, kombinera rödbetorna med oljan och andra ingredienser, blanda, placera i ugnen och grädda vid 400 grader F i 30 minuter.
2. Fördela blandningen mellan tallrikar och servera.

Näring: kalorier 230, fett 11, fibrer 4,2, kolhydrater 7,3, protein 3,6

Tomater med mynta och majs

Förberedelsetid: 5 minuter
Tillagningstid: 0 minuter
Portioner: 4

Ingredienser:
- 2 msk mynta, hackad
- 1 pund tomater, skurna i fjärdedelar
- 2 koppar majs
- 2 matskedar olivolja
- 1 matsked rosmarinvinäger
- En nypa svartpeppar

Vägbeskrivning:
1. I en salladsskål, kombinera tomaterna med majsen och övriga ingredienser, blanda och servera.

Uppskatta!

Näring: kalorier 230, fett 7,2, fiber 2, kolhydrater 11,6, protein 4

Zucchini och avokado salsa

Förberedelsetid: 5 minuter
Tillagningstid: 10 minuter
Portioner: 4

Ingredienser:
- 2 matskedar olivolja
- 2 zucchini, skurna i tärningar
- 1 avokado, skalad, urkärnad och skuren i tärningar
- 2 tomater, i tärningar
- 1 gurka, skuren i tärningar
- 1 gul lök, hackad
- 2 msk färsk limejuice
- 2 msk koriander, hackad

Vägbeskrivning:
1. Hetta upp en panna med oljan på medelvärme, tillsätt löken och zucchinin, blanda och koka i 5 minuter.
2. Tillsätt resten av ingredienserna, blanda, koka i ytterligare 5 minuter, dela mellan tallrikar och servera.

Näring: kalorier 290, fett 11,2, fibrer 6,1, kolhydrater 14,7, protein 5,6

Blanda äpplen och kål

Förberedelsetid: 5 minuter
Tillagningstid: 0 minuter
Portioner: 4

Ingredienser:
- 2 gröna äpplen, kärna ur och skär i tärningar
- 1 rödkålshuvud, riven
- 2 matskedar balsamvinäger
- ½ tsk kumminfrön
- 2 matskedar olivolja
- Svartpeppar efter smak

Vägbeskrivning:
1. I en skål, kombinera kålen med äpplena och övriga ingredienser, blanda och servera som en sallad.

Näring: kalorier 165, fett 7,4, fibrer 7,3, kolhydrater 26, protein 2,6

Rostade rödbetor

Förberedelsetid: 10 minuter
Tillagningstid: 30 minuter
Portioner: 4

Ingredienser:
- 4 rödbetor, skalade och skurna i fjärdedelar
- 2 matskedar olivolja
- 2 vitlöksklyftor, hackade
- En nypa svartpeppar
- ¼ kopp persilja, hackad
- ¼ kopp valnötter, hackade

Vägbeskrivning:
1. I en ugnsform, kombinera rödbetorna med oljan och andra ingredienser, rör om för att täcka, placera i ugnen på 420 grader F, grädda i 30 minuter, dela mellan plattorna och servera som en sida.

Näring: kalorier 156, fett 11,8, fibrer 2,7, kolhydrater 11,5, protein 3,8

Dillkål

Förberedelsetid: 10 minuter
Tillagningstid: 15 minuter
Portioner: 4

Ingredienser:
- 1 pund grönkål, strimlad
- 1 gul lök, hackad
- 1 tomat, i tärningar
- 1 msk dill, hackad
- En nypa svartpeppar
- 1 matsked olivolja

Vägbeskrivning:
1. Hetta upp en panna med olja på medelvärme, tillsätt löken och fräs i 5 minuter.
2. Tillsätt kålen och resten av ingredienserna, blanda, koka på medelvärme i 10 minuter, dela mellan tallrikar och servera.

Näring: kalorier 74, fett 3,7, fibrer 3,7, kolhydrater 10,2, protein 2,1

Kål och morotssallad

Förberedelsetid: 5 minuter
Tillagningstid: 0 minuter
Portioner: 4

Ingredienser:
- 2 schalottenlök, hackade
- 2 morötter, rivna
- 1 stort rödkålshuvud, rivet
- 1 matsked olivolja
- 1 matsked rödvinäger
- En nypa svartpeppar
- 1 matsked limejuice

Vägbeskrivning:
1. I en skål, kombinera kålen med schalottenlök och övriga ingredienser, blanda och servera som en sallad.

Näring: kalorier 106, fett 3,8, fibrer 6,5, kolhydrater 18, protein 3,3

Tomat och olivsalsa

Förberedelsetid: 10 minuter
Tillagningstid: 0 minuter
Portioner: 6

Ingredienser:
- 1 pund körsbärstomater, halverade
- 2 matskedar olivolja
- 1 kopp kalamataoliver, urkärnade och halverade
- En nypa svartpeppar
- 1 rödlök, hackad
- 1 msk balsamvinäger
- ¼ kopp koriander, hackad

Vägbeskrivning:
1. I en skål, kombinera tomaterna med oliverna och övriga ingredienser, blanda och servera som en sallad.

Näring: kalorier 131, fett 10,9, fibrer 3,1, kolhydrater 9,2, protein 1,6

Zucchinisallad

Förberedelsetid: 4 minuter
Tillagningstid: 0 minuter
Portioner: 4

Ingredienser:
- 2 zucchini, skurna med en spiralizer
- 1 rödlök, skivad
- 1 msk basilikapesto
- 1 matsked citronsaft
- 1 matsked olivolja
- ½ kopp koriander, hackad
- Svartpeppar efter smak

Vägbeskrivning:
1. I en salladsskål, kombinera zucchinin med löken och övriga ingredienser, blanda och servera.

Näring: kalorier 58, fett 3,8, fibrer 1,8, kolhydrater 6, protein 1,6

Currymorotssallad

Förberedelsetid: 4 minuter
Tillagningstid: 0 minuter
Portioner: 4

Ingredienser:
- 1 pund morötter, skalade och grovt rivna
- 2 matskedar avokadoolja
- 2 matskedar citronsaft
- 3 matskedar sesamfrön
- ½ tsk currypulver
- 1 tsk rosmarin, torkad
- ½ tesked spiskummin, mald

Vägbeskrivning:
1. I en skål, kombinera morötterna med oljan, citronsaften och övriga ingredienser, blanda och servera kallt som tillbehör.

Näring: kalorier 99, fett 4,4, fibrer 4,2, kolhydrater 13,7, protein 2,4

Sallad och rödbetssallad

Förberedelsetid: 5 minuter
Tillagningstid: 0 minuter
Portioner: 4

Ingredienser:
- 1 msk ingefära, riven
- 2 vitlöksklyftor, hackade
- 4 koppar romansallat, riven
- 1 rödbeta, skalad och riven
- 2 salladslökar, hackade
- 1 msk balsamvinäger
- 1 matsked sesamfrön

Vägbeskrivning:
1. I en skål, kombinera sallad med ingefära, vitlök och övriga ingredienser, blanda och servera som tillbehör.

Näring: kalorier 42, fett 1,4, fibrer 1,5, kolhydrater 6,7, protein 1,4

Rädisa med fina örter

Förberedelsetid: 5 minuter
Tillagningstid: 0 minuter
Portioner: 4

Ingredienser:
- 1 pund röda rädisor, grovt tärnade
- 1 msk gräslök, hackad
- 1 msk persilja, hackad
- 1 msk oregano, hackad
- 2 matskedar olivolja
- 1 matsked limejuice
- Svartpeppar efter smak

Vägbeskrivning:
1. I en salladsskål, kombinera rädisorna med gräslöken och övriga ingredienser, blanda och servera.

Näring: kalorier 85, fett 7,3, fibrer 2,4, kolhydrater 5,6, protein 1

Bakad fänkålsblandning

Förberedelsetid: 5 minuter
Tillagningstid: 20 minuter
Portioner: 4

Ingredienser:
- 2 fänkålslökar, skivade
- 1 tsk söt paprika
- 1 liten rödlök, skivad
- 2 matskedar olivolja
- 2 matskedar limejuice
- 2 msk dill, hackad
- Svartpeppar efter smak

Vägbeskrivning:
1. I en stekpanna, kombinera fänkålen med paprikan och andra ingredienser, blanda och grädda vid 380 grader F i 20 minuter.
2. Fördela blandningen mellan tallrikar och servera.

Näring: kalorier 114, fett 7,4, fibrer 4,5, kolhydrater 13,2, protein 2,1

Rostad paprika

Förberedelsetid: 10 minuter
Tillagningstid: 30 minuter
Portioner: 4

Ingredienser:
- 1 pund blandad paprika, skuren i fjärdedelar
- 1 rödlök, tunt skivad
- 2 matskedar olivolja
- Svartpeppar efter smak
- 1 msk oregano, hackad
- 2 msk myntablad, hackade

Vägbeskrivning:
1. I en stekpanna, kombinera paprikan med löken och andra ingredienser, blanda och koka vid 380 grader F i 30 minuter.
2. Fördela blandningen mellan tallrikar och servera.

Näring: kalorier 240, fett 8,2, fibrer 4,2, kolhydrater 11,3, protein 5,6

Dadlar och kålröra

Förberedelsetid: 5 minuter
Tillagningstid: 15 minuter
Portioner: 4

Ingredienser:
- 1 pund rödkål, strimlad
- 8 dadlar, urkärnade och skivade
- 2 matskedar olivolja
- ¼ kopp lågnatrium grönsaksbuljong
- 2 msk gräslök, hackad
- 2 matskedar citronsaft
- Svartpeppar efter smak

Vägbeskrivning:
1. Hetta upp en panna med oljan på medelvärme, tillsätt kål och dadlar, blanda och koka i 4 minuter.
2. Tillsätt buljongen och övriga ingredienser, blanda, koka på medelvärme i ytterligare 11 minuter, dela mellan tallrikar och servera.

Näring: kalorier 280, fett 8,1, fibrer 4,1, kolhydrater 8,7, protein 6,3

Blandade svarta bönor

Förberedelsetid: 4 minuter
Tillagningstid: 0 minuter
Portioner: 4

Ingredienser:
- 3 koppar konserverade svarta bönor, inget salt tillsatt, avrunna och sköljda
- 1 kopp körsbärstomater, halverade
- 2 schalottenlök, hackade
- 3 matskedar olivolja
- 1 msk balsamvinäger
- Svartpeppar efter smak
- 1 msk gräslök, hackad

Vägbeskrivning:
1. I en skål, kombinera bönorna med tomaterna och övriga ingredienser, blanda och servera kallt som tillbehör.

Näring: kalorier 310, fett 11,0, fibrer 5,3, kolhydrater 19,6, protein 6,8

Blandning av oliv och endive

Förberedelsetid: 4 minuter
Tillagningstid: 0 minuter
Portioner: 4

Ingredienser:
- 2 vårlökar, hackade
- 2 endivier, riven
- 1 kopp svarta oliver, urkärnade och skivade
- ½ kopp kalamataoliver, urkärnade och skivade
- ¼ kopp äppelcidervinäger
- 2 matskedar olivolja
- 1 msk koriander, hackad

Vägbeskrivning:
1. I en skål, kombinera endiverna med oliverna och de andra ingredienserna, blanda och servera.

Näring: kalorier 230, fett 9,1, fibrer 6,3, kolhydrater 14,6, protein 7,2

Tomat och gurksallad

Förberedelsetid: 5 minuter
Tillagningstid: 0 minuter
Portioner: 4

Ingredienser:
- ½ pund tomater, i tärningar
- 2 gurkor, skivade
- 1 matsked olivolja
- 2 vårlökar, hackade
- Svartpeppar efter smak
- Saft av 1 lime
- ½ kopp basilika, hackad

Vägbeskrivning:
1. I en salladsskål, kombinera tomaterna med gurkan och övriga ingredienser, blanda och servera kallt.

Näring: kalorier 224, fett 11,2, fibrer 5,1, kolhydrater 8,9, protein 6,2

Peppar och morotssallad

Förberedelsetid: 5 minuter
Tillagningstid: 0 minuter
Portioner: 4

Ingredienser:
- 1 kopp körsbärstomater, halverade
- 1 gul paprika, hackad
- 1 röd paprika, hackad
- 1 grön paprika, hackad
- ½ pund morötter, rivna
- 3 matskedar rödvinsvinäger
- 2 matskedar olivolja
- 1 msk koriander, hackad
- Svartpeppar efter smak

Vägbeskrivning:
1. I en salladsskål, kombinera tomaterna med paprika, morötter och andra ingredienser, blanda och servera som en sallad.

Näring: kalorier 123, fett 4, fibrer 8,4, kolhydrater 14,4, protein 1,1

Blandade svarta bönor och ris

Förberedelsetid: 10 minuter
Tillagningstid: 30 minuter
Portioner: 4

Ingredienser:
- 2 matskedar olivolja
- 1 gul lök, hackad
- 1 kopp konserverade svarta bönor, inget salt tillsatt, avrunna och sköljda
- 2 koppar svart ris
- 4 dl kycklingbuljong med låg natriumhalt
- 2 msk timjan, hackad
- Skal av ½ citron, rivet
- En nypa svartpeppar

Vägbeskrivning:
1. Hetta upp en panna med oljan på medelhög värme, tillsätt löken, rör om och fräs i 4 minuter.
2. Tillsätt bönorna, riset och övriga ingredienser, blanda, låt koka upp och koka på medelvärme i 25 minuter.
3. Rör om blandningen, dela mellan tallrikar och servera.

Näring: kalorier 290, fett 15,3, fibrer 6,2, kolhydrater 14,6, protein 8

Blandat ris och blomkål

Förberedelsetid: 10 minuter
Tillagningstid: 25 minuter
Portioner: 4

Ingredienser:
- 1 dl blomkålsbuketter
- 1 kopp vitt ris
- 2 dl kycklingbuljong med låg natriumhalt
- 1 matsked avokadoolja
- 2 schalottenlök, hackade
- ¼ kopp tranbär
- ½ kopp mandel, skivad

Vägbeskrivning:
1. Hetta upp en panna med oljan på medelvärme, tillsätt schalottenlök, rör om och fräs i 5 minuter.
2. Tillsätt blomkål, ris och övriga ingredienser, blanda, låt koka upp och koka på medelvärme i 20 minuter.
3. Fördela blandningen mellan tallrikar och servera.

Näring: kalorier 290, fett 15,1, fibrer 5,6, kolhydrater 7, protein 4,5

Balsamic Bean Mix

Förberedelsetid: 10 minuter
Tillagningstid: 0 minuter
Portioner: 4

Ingredienser:
- 2 koppar konserverade svarta bönor, inget salt tillsatt, avrunna och sköljda
- 2 koppar konserverade vita bönor, inget salt tillsatt, avrunna och sköljda
- 2 matskedar balsamvinäger
- 2 matskedar olivolja
- 1 tsk oregano, torkad
- 1 tsk basilika, torkad
- 1 msk gräslök, hackad

Vägbeskrivning:
1. I en salladsskål, kombinera bönorna med vinägern och de andra ingredienserna, blanda och servera som en sallad.

Näring: kalorier 322, fett 15,1, fibrer 10, kolhydrater 22,0, protein 7

Krämiga rödbetor

Förberedelsetid: 5 minuter
Tillagningstid: 20 minuter
Portioner: 4

Ingredienser:
- 1 pund rödbetor, skalade och tärnade
- 1 rödlök, hackad
- 1 matsked olivolja
- ½ dl kokosgrädde
- 4 matskedar fettfri yoghurt
- 1 msk gräslök, hackad

Vägbeskrivning:
1. Hetta upp en panna med oljan på medelvärme, tillsätt löken, rör om och fräs i 4 minuter.
2. Tillsätt rödbetor, grädde och övriga ingredienser, blanda, koka på medelvärme i 15 minuter till, dela mellan tallrikar och servera.

Näring: kalorier 250, fett 13,4, fiber 3, kolhydrater 13,3, protein 6,4

Blandad avokado och paprika

Förberedelsetid: 10 minuter
Tillagningstid: 14 minuter
Portioner: 4

Ingredienser:
- 1 matsked avokadoolja
- 1 tsk söt paprika
- 1 pund blandad paprika, skuren i strimlor
- 1 avokado, skalad, urkärnad och halverad
- 1 tsk vitlökspulver
- 1 tsk rosmarin, torkad
- ½ dl grönsaksbuljong med låg natriumhalt
- Svartpeppar efter smak

Vägbeskrivning:
1. Hetta upp en panna med oljan på medelhög värme, tillsätt all paprika, rör om och fräs i 5 minuter.
2. Tillsätt resten av ingredienserna, blanda, koka ytterligare 9 minuter på medelvärme, dela mellan tallrikar och servera.

Näring: kalorier 245, fett 13,8, fiber 5, kolhydrater 22,5, protein 5,4

Sötpotatis och rostade rödbetor

Förberedelsetid: 10 minuter
Tillagningstid: 1 timme
Portioner: 4

Ingredienser:
- 3 matskedar olivolja
- 2 sötpotatisar, skalade och skurna i fjärdedelar
- 2 rödbetor, skalade och skurna i fjärdedelar
- 1 msk oregano, hackad
- 1 matsked limejuice
- Svartpeppar efter smak

Vägbeskrivning:
1. Ordna sötpotatisen och rödbetorna på en plåt täckt med bakplåtspapper, tillsätt resten av ingredienserna, blanda, sätt in i ugnen och tillaga i 375 grader F i 1 timme/
2. Dela mellan tallrikar och servera som tillbehör.

Näring: kalorier 240, fett 11,2, fiber 4, kolhydrater 8,6, protein 12,1

Grönkålsröra

Förberedelsetid: 10 minuter
Tillagningstid: 15 minuter
Portioner: 4

Ingredienser:
- 2 matskedar olivolja
- 3 matskedar kokosaminos
- 1 pund grönkål, riven
- 1 rödlök, hackad
- 2 vitlöksklyftor, hackade
- 1 matsked limejuice
- 1 msk koriander, hackad

Vägbeskrivning:
1. Hetta upp en panna med olivoljan på medelvärme, tillsätt lök och vitlök och fräs i 5 minuter.
2. Tillsätt grönkålen och övriga ingredienser, blanda, koka på medelvärme i 10 minuter, dela mellan tallrikar och servera.

Näring: kalorier 200, fett 7,1, fiber 2, kolhydrater 6,4, protein 6

Kryddiga morötter

Förberedelsetid: 10 minuter
Tillagningstid: 20 minuter
Portioner: 4

Ingredienser:
- 1 matsked citronsaft
- 1 matsked olivolja
- ½ tsk kryddpeppar, mald
- ½ tesked spiskummin, mald
- ½ tsk muskot, mald
- 1 pund babymorötter, putsade
- 1 msk rosmarin, hackad
- Svartpeppar efter smak

Vägbeskrivning:
1. I en stekpanna, kombinera morötterna med citronsaften, oljan och andra ingredienser, blanda, placera i ugnen och tillaga vid 400 grader F i 20 minuter.
2. Dela mellan tallrikar och servera.

Näring: kalorier 260, fett 11,2, fibrer 4,5, kolhydrater 8,3, protein 4,3

Citronärtskockor

Förberedelsetid: 10 minuter
Tillagningstid: 20 minuter
Portioner: 4

Ingredienser:
- 2 matskedar citronsaft
- 4 kronärtskockor, putsade och halverade
- 1 msk dill, hackad
- 2 matskedar olivolja
- En nypa svartpeppar

Vägbeskrivning:
1. I en stekpanna, kombinera kronärtskockorna med citronsaften och andra ingredienser, blanda försiktigt och koka vid 400 grader F i 20 minuter. Dela mellan tallrikar och servera.

Näring: kalorier 140, fett 7,3, fibrer 8,9, kolhydrater 17,7, protein 5,5

Broccoli, bönor och ris

Förberedelsetid: 10 minuter
Tillagningstid: 30 minuter
Portioner: 4

Ingredienser:
- 1 dl broccolibuktor, hackade
- 1 kopp konserverade svarta bönor, inget salt tillsatt, avrunnen
- 1 kopp vitt ris
- 2 dl kycklingbuljong med låg natriumhalt
- 2 teskedar söt paprika
- Svartpeppar efter smak

Vägbeskrivning:
1. Häll buljongen i en kastrull, värm på medelvärme, tillsätt riset och övriga ingredienser, blanda, låt koka upp och koka i 30 minuter, rör om då och då.
2. Fördela blandningen mellan tallrikar och servera som tillbehör.

Näring: kalorier 347, fett 1,2, fiber 9, kolhydrater 69,3, protein 15,1

Bakad squashblandning

Förberedelsetid: 10 minuter
Tillagningstid: 45 minuter
Portioner: 4

Ingredienser:
- 2 matskedar olivolja
- 2 pund butternut squash, skalad och i fjärdedelar
- 1 matsked citronsaft
- 1 tsk chilipulver
- 1 tsk vitlökspulver
- 2 tsk koriander, hackad
- En nypa svartpeppar

Vägbeskrivning
1. I en stekpanna, kombinera squashen med oljan och andra ingredienser, blanda försiktigt, grädda vid 400 grader F i 45 minuter, dela mellan tallrikar och servera som tillbehör.

Näring: kalorier 167, fett 7,4, fibrer 4,9, kolhydrater 27,5, protein 2,5

Krämig sparris

Förberedelsetid: 5 minuter
Tillagningstid: 20 minuter
Portioner: 4

Ingredienser:
- ½ tsk muskot, mald
- 1 pund sparris, putsad och halverad
- 1 dl kokosgrädde
- 1 gul lök, hackad
- 2 matskedar olivolja
- 1 matsked limejuice
- 1 msk koriander, hackad

Vägbeskrivning:
1. Hetta upp en panna med oljan på medelvärme, tillsätt lök och muskotnöt, rör om och fräs i 5 minuter.
2. Tillsätt sparrisen och övriga ingredienser, blanda, låt koka upp och koka på medelvärme i 15 minuter.
3. Dela mellan tallrikar och servera.

Näring: kalorier 236, fett 21,6, fibrer 4,4, kolhydrater 11,4, protein 4,2

Basilika Rova Mix

Förberedelsetid: 10 minuter
Tillagningstid: 15 minuter
Portioner: 4

Ingredienser:
- 1 matsked avokadoolja
- 4 kålrot, skivade
- ¼ kopp basilika, hackad
- Svartpeppar efter smak
- ¼ kopp lågnatrium grönsaksbuljong
- ½ kopp valnötter, hackade
- 2 vitlöksklyftor, hackade

Vägbeskrivning:
1. Hetta upp en panna med olja på medelhög värme, tillsätt vitlök och kålrot och fräs i 5 minuter.
2. Tillsätt resten av ingredienserna, blanda, koka i 10 minuter till, dela mellan tallrikar och servera.

Näring: kalorier 140, fett 9,7, fibrer 3,3, kolhydrater 10,5, protein 5

Blandning av ris och kapris

Förberedelsetid: 10 minuter
Tillagningstid: 20 minuter
Portioner: 4

Ingredienser:
- 1 kopp vitt ris
- 1 msk kapris, hackad
- 2 dl kycklingbuljong med låg natriumhalt
- 1 rödlök, hackad
- 1 matsked avokadoolja
- 1 msk koriander, hackad
- 1 tsk söt paprika

Vägbeskrivning:
1. Hetta upp en panna med oljan på medelhög värme, tillsätt löken, rör om och fräs i 5 minuter.
2. Tillsätt ris, kapris och övriga ingredienser, blanda, låt koka upp och koka i 15 minuter.
3. Fördela blandningen mellan tallrikar och servera som tillbehör.

Näring: kalorier 189, fett 0,9, fibrer 1,6, kolhydrater 40,2, protein 4,3

Blandad spenat och grönkål

Förberedelsetid: 5 minuter
Tillagningstid: 15 minuter
Portioner: 4

Ingredienser:
- 2 koppar babyspenat
- 5 dl grönkål, riven
- 2 schalottenlök, hackade
- 2 vitlöksklyftor, hackade
- 1 kopp konserverade tomater, utan salt tillsatt, hackade
- 1 matsked olivolja

Vägbeskrivning:
1. Hetta upp en panna med oljan på medelhög värme, tillsätt schalottenlök, rör om och fräs i 5 minuter.
2. Tillsätt spenat, grönkål och övriga ingredienser, rör om, koka i 10 minuter till, dela mellan tallrikar och servera som tillbehör.

Näring: kalorier 89, fett 3,7, fibrer 2,2, kolhydrater 12,4, protein 3,6

Senapsgrön woka

Förberedelsetid: 10 minuter
Tillagningstid: 12 minuter
Portioner: 4

Ingredienser:
- 6 dl senapsgröt
- 2 matskedar olivolja
- 2 vårlökar, hackade
- ½ dl kokosgrädde
- 2 matskedar söt paprika
- Svartpeppar efter smak

Vägbeskrivning:
1. Hetta upp en panna med oljan på medelhög värme, tillsätt lök, paprika och svartpeppar, rör om och fräs i 3 minuter.
2. Tillsätt senapsgrönsakerna och övriga ingredienser, blanda, koka i ytterligare 9 minuter, dela mellan tallrikar och servera som tillbehör.

Näring: kalorier 163, fett 14,8, fibrer 4,9, kolhydrater 8,3, protein 3,6

Bok Choy Mix

Förberedelsetid: 10 minuter
Tillagningstid: 12 minuter
Portioner: 4

Ingredienser:
- 1 matsked avokadoolja
- 1 msk balsamvinäger
- 1 gul lök, hackad
- 1 pund bok choy, riven
- 1 tsk spiskummin, mald
- 1 matsked kokos aminos
- ¼ kopp lågnatrium grönsaksbuljong
- Svartpeppar efter smak

Vägbeskrivning:
1. Hetta upp en stekpanna med oljan på medelhög värme, tillsätt lök, spiskummin och svartpeppar, rör om och koka i 3 minuter.
2. Tillsätt bok choy och andra ingredienser, blanda, koka 8 till 9 minuter till, dela mellan tallrikar och servera som tillbehör.

Näring: kalorier 38, fett 0,8, fiber 2, kolhydrater 6,5, protein 2,2

Blandade gröna bönor och aubergine

Förberedelsetid: 4 minuter
Tillagningstid: 40 minuter
Portioner: 4

Ingredienser:
- 1 pund gröna bönor, putsade och halverade
- 1 liten aubergine, skuren i stora bitar
- 1 gul lök, hackad
- 2 matskedar olivolja
- 2 matskedar limejuice
- 1 tsk rökt paprika
- ¼ kopp lågnatrium grönsaksbuljong
- Svartpeppar efter smak
- ½ tsk oregano, torkad

Vägbeskrivning:
1. I en stekpanna, kombinera de gröna bönorna med aubergine och andra ingredienser, blanda, ställ in i ugnen, tillaga vid 390 grader F i 40 minuter, dela mellan tallrikar och servera som tillbehör.

Näring: kalorier 141, fett 7,5, fibrer 8,9, kolhydrater 19, protein 3,7

Blandning av oliver och kronärtskockor

Förberedelsetid: 5 minuter
Tillagningstid: 0 minuter
Portioner: 4

Ingredienser:
- 10 uns konserverade kronärtskockshjärtan, inget salt tillsatt, avrunna och halverade
- 1 kopp svarta oliver, urkärnade och skivade
- 1 msk kapris, avrunnen
- 1 kopp gröna oliver, urkärnade och skivade
- 1 msk persilja, hackad
- Svartpeppar efter smak
- 2 matskedar olivolja
- 2 matskedar rödvinsvinäger
- 1 msk gräslök, hackad

Vägbeskrivning:
1. I en salladsskål, kombinera kronärtskockorna med oliverna och övriga ingredienser, blanda och servera som tillbehör.

Näring: kalorier 138, fett 11, fibrer 5,1, kolhydrater 10, protein 2,7

Peppar och gurkmeja dip

Förberedelsetid: 4 minuter
Tillagningstid: 0 minuter
Portioner: 4

Ingredienser:
- 1 tesked gurkmejapulver
- 1 dl kokosgrädde
- 14 uns röd paprika, inget salt tillsatt, hackad
- Saften av ½ citron
- 1 msk gräslök, hackad

Vägbeskrivning:
1. I din mixer kombinerar du paprikan med gurkmejan och övriga ingredienser utom gräslöken, blanda väl, dela upp i skålar och servera som ett mellanmål med gräslöken strös över.

Näring: kalorier 183, fett 14,9, fibrer 3. kolhydrater 12.7, protein 3.4

Linsspridning

Förberedelsetid: 5 minuter
Tillagningstid: 0 minuter
Portioner: 4

Ingredienser:
- 14 uns konserverade linser, avrunna, inget salt tillsatt, sköljda
- Saften av 1 citron
- 2 vitlöksklyftor, hackade
- 2 matskedar olivolja
- ½ kopp koriander, hackad

Vägbeskrivning:
1. Kombinera linserna med oljan och övriga ingredienser i en mixer, blanda väl, dela upp i skålar och servera som festpålägg.

Näring: kalorier 416, fett 8,2, fibrer 30,4, kolhydrater 60,4, protein 25,8

Rostade nötter

Förberedelsetid: 5 minuter
Tillagningstid: 15 minuter
Portioner: 8

Ingredienser:
- ½ tsk rökt paprika
- ½ tsk chilipulver
- ½ tsk vitlökspulver
- 1 matsked avokadoolja
- En nypa cayennepeppar
- 14 uns valnötter

Vägbeskrivning:
1. Bred ut nötterna på en plåt klädd med bakplåtspapper, tillsätt paprikan och övriga ingredienser, blanda och grädda i 410 grader F i 15 minuter.
2. Dela upp i skålar och servera som mellanmål.

Näring: kalorier 311, fett 29,6, fibrer 3,6, kolhydrater 5,3, protein 12

Tranbärsrutor

Förberedelsetid:3 timmar och 5 minuter

Tillagningstid: 0 minuter
Portioner: 4

Ingredienser:
- 2 uns kokosgrädde
- 2 matskedar havregryn
- 2 msk kokos, riven
- 1 kopp tranbär

Vägbeskrivning:
1. I en mixer, kombinera havregrynen med tranbären och övriga ingredienser, blanda väl och bred ut i en fyrkantig form.

Skär i rutor och ställ i kylen i 3 timmar innan servering.

Näring:kalorier 66, fett 4,4, fibrer 1,8, kolhydrater 5,4, protein 0,8

Blomkålsstänger

Förberedelsetid: 10 minuter
Tillagningstid: 30 minuter
Portioner: 8

Ingredienser:
- 2 dl fullkornsmjöl
- 2 teskedar jäst
- En nypa svartpeppar
- 2 ägg, vispade
- 1 kopp mandelmjölk
- 1 dl blomkålsbuketter, hackade
- ½ kopp cheddar med låg fetthalt, riven

Vägbeskrivning:
1. I en skål, kombinera mjölet med blomkålen och övriga ingredienser och blanda väl.
2. Bred ut i en ugnsform, ställ in i ugnen, grädda vid 400 grader F i 30 minuter, skär i stänger och servera som ett mellanmål.

Näring: kalorier 430, fett 18,1, fibrer 3,7, kolhydrater 54, protein 14,5

Mandel och frön skålar

Förberedelsetid: 5 minuter
Tillagningstid: 10 minuter
Portioner: 4

Ingredienser:
- 2 koppar mandel
- ¼ kopp kokos, riven
- 1 mango, skalad och skuren i tärningar
- 1 kopp solrosfrön
- Matlagningsspray

Vägbeskrivning:
1. Fördela mandeln, kokosnöt, mango och solrosfrön på en plåt, smörj med matlagningsspray, släng och grädda vid 400 grader F i 10 minuter.
2. Dela upp i skålar och servera som mellanmål.

Näring: kalorier 411, fett 31,8, fibrer 8,7, kolhydrater 25,8, protein 13,3

Potatis chips

Förberedelsetid: 10 minuter
Tillagningstid: 20 minuter
Portioner: 4

Ingredienser:
- 4 gyllene potatisar, skalade och tunt skivade
- 2 matskedar olivolja
- 1 msk chilipulver
- 1 tsk söt paprika
- 1 msk gräslök, hackad

Vägbeskrivning:
1. Fördela pommes fritesen på en plåt klädd med bakplåtspapper, tillsätt oljan och andra ingredienser, blanda, sätt in i ugnen och grädda i 390 grader F i 20 minuter.
2. Fördela i skålar och servera.

Näring: kalorier 118, fett 7,4, fibrer 2,9, kolhydrater 13,4, protein 1,3

Grönkålsdopp

Förberedelsetid: 10 minuter
Tillagningstid: 20 minuter
Portioner: 4

Ingredienser:
- 1 knippe grönkålsblad
- 1 dl kokosgrädde
- 1 schalottenlök, hackad
- 1 matsked olivolja
- 1 tsk chilipulver
- En nypa svartpeppar

Vägbeskrivning:
1. Hetta upp en panna med oljan på medelvärme, tillsätt schalottenlök, rör om och stek i 4 minuter.
2. Tillsätt grönkål och övriga ingredienser, låt koka upp och koka på medelvärme i 16 minuter.
3. Mixa med en stavmixer, dela i skålar och servera som mellanmål.

Näring: kalorier 188, fett 17,9, fibrer 2,1, kolhydrater 7,6, protein 2,5

Rödbetschips

Förberedelsetid: 10 minuter
Tillagningstid: 35 minuter
Portioner: 4

Ingredienser:
- 2 rödbetor, skalade och tunt skivade
- 1 matsked avokadoolja
- 1 tsk spiskummin, mald
- 1 tsk fänkålsfrön, krossade
- 2 tsk vitlök, hackad

Vägbeskrivning:
1. Fördela rödbetschipsen på en bakplåtspappersklädd plåt, tillsätt oljan och övriga ingredienser, blanda, sätt in i ugnen och grädda vid 400 grader F i 35 minuter.
2. Dela i skålar och servera som mellanmål.

Näring: kalorier 32, fett 0,7, fibrer 1,4, kolhydrater 6,1, protein 1,1

Zucchini Dip

Förberedelsetid: 5 minuter
Tillagningstid: 10 minuter
Portioner: 4

Ingredienser:
- ½ kopp fettfri yoghurt
- 2 zucchini, hackade
- 1 matsked olivolja
- 2 vårlökar, hackade
- ¼ kopp lågnatrium grönsaksbuljong
- 2 vitlöksklyftor, hackade
- 1 msk dill, hackad
- En nypa muskotnöt, mald

Vägbeskrivning:
1. Hetta upp en panna med oljan på medelvärme, tillsätt lök och vitlök, rör om och fräs i 3 minuter.
2. Tillsätt zucchinin och övriga ingredienser utom yoghurten, blanda, koka i ytterligare 7 minuter och ta av från värmen.
3. Tillsätt yoghurten, mixa med en stavmixer, dela upp i skålar och servera.

Näring: kalorier 76, fett 4,1, fibrer 1,5, kolhydrater 7,2, protein 3,4

Blandning av frön och äpplen

Förberedelsetid: 10 minuter
Tillagningstid: 20 minuter
Portioner: 4

Ingredienser:
- 2 matskedar olivolja
- 1 tsk rökt paprika
- 1 kopp solrosfrön
- 1 dl chiafrön
- 2 äpplen, kärna ur och skär i fjärdedelar
- ½ tesked spiskummin, mald
- En nypa cayennepeppar

Vägbeskrivning:
1. I en skål, kombinera fröna med äpplena och andra ingredienser, blanda, sprid ut på en klädd bakplåt, placera i ugnen och grädda vid 350 grader F i 20 minuter.
2. Dela upp i skålar och servera som mellanmål.

Näring: kalorier 222, fett 15,4, fibrer 6,4, kolhydrater 21,1, protein 4

Pumpa Spread

Förberedelsetid: 5 minuter
Tillagningstid: 0 minuter
Portioner: 4

Ingredienser:
- 2 dl pumpakött
- ½ kopp pumpafrön
- 1 matsked citronsaft
- 1 msk sesamfröpasta
- 1 matsked olivolja

Vägbeskrivning:
1. I en mixer, kombinera pumpan med fröna och övriga ingredienser, blanda väl, dela i skålar och servera som ett festligt pålägg.

Näring: kalorier 162, fett 12,7, fibrer 2,3, kolhydrater 9,7, protein 5,5

Spenatpålägg

Förberedelsetid: 10 minuter
Tillagningstid: 20 minuter
Portioner: 4

Ingredienser:
- 1 pund spenat, hackad
- 1 dl kokosgrädde
- 1 kopp låg fetthalt mozzarella, strimlad
- En nypa svartpeppar
- 1 msk dill, hackad

Vägbeskrivning:
1. I en ugnsform, kombinera spenaten med grädden och andra ingredienser, blanda väl, sätt in i ugnen och grädda vid 400 grader F i 20 minuter.
2. Fördela i skålar och servera.

Näring: kalorier 186, fett 14,8, fibrer 4,4, kolhydrater 8,4, protein 8,8

Olive och koriander salsa

Förberedelsetid: 5 minuter
Tillagningstid: 0 minuter
Portioner: 4

Ingredienser:
- 1 rödlök, hackad
- 1 kopp svarta oliver, urkärnade och halverade
- 1 gurka, skuren i tärningar
- ¼ kopp koriander, hackad
- En nypa svartpeppar
- 2 matskedar limejuice

Vägbeskrivning:
1. I en skål, kombinera oliverna med gurkan och resten av ingredienserna, blanda och servera kallt som mellanmål.

Näring: kalorier 64, fett 3,7, fibrer 2,1, kolhydrater 8,4, protein 1,1

Gräslöks- och betdopp

Förberedelsetid: 5 minuter
Tillagningstid: 25 minuter
Portioner: 4

Ingredienser:
- 2 matskedar olivolja
- 1 rödlök, hackad
- 2 msk gräslök, hackad
- En nypa svartpeppar
- 1 rödbeta, skalad och hackad
- 8 uns låg fetthalt färskost
- 1 dl kokosgrädde

Vägbeskrivning:
1. Hetta upp en panna med olja på medelvärme, tillsätt löken och fräs i 5 minuter.
2. Tillsätt resten av ingredienserna och koka i 20 minuter till, rör ofta.
3. Överför blandningen till en mixer, blanda väl, dela i skålar och servera.

Näring: kalorier 418, fett 41,2, fibrer 2,5, kolhydrater 10, protein 6,4

Gurksalsa

Förberedelsetid: 5 minuter
Tillagningstid: 0 minuter
Portioner: 4

Ingredienser:
- 1 pund tärnad gurka
- 1 avokado, skalad, urkärnad och skuren i tärningar
- 1 msk kapris, avrunnen
- 1 msk gräslök, hackad
- 1 liten rödlök, skuren i tärningar
- 1 matsked olivolja
- 1 msk balsamvinäger

Vägbeskrivning:
1. I en skål, kombinera gurkorna med avokadon och övriga ingredienser, blanda, dela i små koppar och servera.

Näring: kalorier 132, fett 4,4, fiber 4, kolhydrater 11,6, protein 4,5

Kikärtsdipp

Förberedelsetid: 5 minuter
Tillagningstid: 0 minuter
Portioner: 4

Ingredienser:
- 1 matsked olivolja
- 1 matsked citronsaft
- 1 msk sesamfröpasta
- 2 msk gräslök, hackad
- 2 vårlökar, hackade
- 2 dl konserverade kikärter, inget salt tillsatt, avrunna och sköljda

Vägbeskrivning:
1. Blanda i din mixer kikärtorna med oljan och övriga ingredienser utom gräslöken, blanda väl, dela upp i skålar, strö gräslök ovanpå och servera.

Näring: kalorier 280, fett 13,3, fibrer 5,5, kolhydrater 14,8, protein 6,2

Olivdipp

Förberedelsetid: 4 minuter
Tillagningstid: 0 minuter
Portioner: 4

Ingredienser:
- 2 dl svarta oliver, urkärnade och hackade
- 1 dl mynta, hackad
- 2 matskedar avokadoolja
- ½ dl kokosgrädde
- ¼ kopp limejuice
- En nypa svartpeppar

Vägbeskrivning:
1. Blanda oliverna med myntan och övriga ingredienser i din mixer, blanda väl, dela upp i skålar och servera.

Näring: kalorier 287, fett 13,3, fibrer 4,7, kolhydrater 17,4, protein 2,4

Kokos Lök Dip

Förberedelsetid: 5 minuter
Tillagningstid: 0 minuter
Portioner: 4

Ingredienser:
- 4 vårlökar, hackade
- 1 schalottenlök, hackad
- 1 matsked limejuice
- En nypa svartpeppar
- 2 uns låg fetthalt mozzarellaost, strimlad
- 1 dl kokosgrädde
- 1 msk persilja, hackad

Vägbeskrivning:
1. Blanda i en mixer vårlöken med schalottenlöken och övriga ingredienser, blanda väl, dela i skålar och servera som en festdipp.

Näring: kalorier 271, fett 15,3, fiber 5, kolhydrater 15,9, protein 6,9

Pinjenötter och kokosdipp

Förberedelsetid: 5 minuter
Tillagningstid: 0 minuter
Portioner: 4

Ingredienser:
- 8 uns kokosgrädde
- 1 msk pinjenötter, hackade
- 2 msk persilja, hackad
- En nypa svartpeppar

Vägbeskrivning:
1. Blanda i en skål grädden med pinjenötterna och resten av ingredienserna, vispa väl, dela i skålar och servera.

Näring: kalorier 281, fett 13, fibrer 4,8, kolhydrater 16, protein 3,56

Ruccola och gurksalsa

Förberedelsetid: 5 minuter
Tillagningstid: 0 minuter
Portioner: 4

Ingredienser:
- 4 salladslökar, hackade
- 2 tomater, i tärningar
- 4 gurkor, skurna i tärningar
- 1 msk balsamvinäger
- 1 kopp unga ruccolablad
- 2 matskedar citronsaft
- 2 matskedar olivolja
- En nypa svartpeppar

Vägbeskrivning:
1. I en skål, kombinera salladslöken med tomaterna och övriga ingredienser, blanda, dela i små skålar och servera som mellanmål.

Näring: kalorier 139, fett 3,8, fibrer 4,5, kolhydrater 14, protein 5,4

Ost dipp

Förberedelsetid: 5 minuter
Tillagningstid: 0 minuter
Portioner: 6

Ingredienser:
- 1 msk mynta, hackad
- 1 msk oregano, hackad
- 10 uns fettfri färskost
- ½ kopp ingefära, skivad
- 2 matskedar kokos aminos

Vägbeskrivning:
1. I din mixer, kombinera färskosten med ingefäran och övriga ingredienser, blanda väl, dela i små koppar och servera.

Näring: kalorier 388, fett 15,4, fiber 6, kolhydrater 14,3, protein 6

Paprika och yoghurtdipp

Förberedelsetid: 5 minuter
Tillagningstid: 0 minuter
Portioner: 4

Ingredienser:
- 3 koppar fettfri yoghurt
- 2 vårlökar, hackade
- 1 tsk söt paprika
- ¼ kopp mandel, hackad
- ¼ kopp dill, hackad

Vägbeskrivning:
1. Blanda i en skål yoghurten med löken och övriga ingredienser, vispa, dela i skålar och servera.

Näring: kalorier 181, fett 12,2, fiber 6, kolhydrater 14,1, protein 7

Blomkålssalsa

Förberedelsetid: 5 minuter
Tillagningstid: 0 minuter
Portioner: 4

Ingredienser:
- 1 pund blomkålsbuketter, blancherade
- 1 kopp kalamataoliver, urkärnade och halverade
- 1 kopp körsbärstomater, halverade
- 1 matsked olivolja
- 1 matsked limejuice
- En nypa svartpeppar

Vägbeskrivning:
1. I en skål, kombinera blomkålen med oliverna och övriga ingredienser, blanda och servera.

Näring: kalorier 139, fett 4, fibrer 3,6, kolhydrater 5,5, protein 3,4

Räkpålägg

Förberedelsetid: 5 minuter
Tillagningstid: 0 minuter
Portioner: 4

Ingredienser:
- 8 uns kokosgrädde
- 1 pund räkor, kokta, skalade, urvattnade och hackade
- 2 msk dill, hackad
- 2 vårlökar, hackade
- 1 msk koriander, hackad
- En nypa svartpeppar

Vägbeskrivning:
1. Blanda i en skål räkorna med grädden och övriga ingredienser, vispa och servera som pålägg.

Näring: kalorier 362, fett 14,3, fiber 6, kolhydrater 14,6, protein 5,9

Persika salsa

Förberedelsetid: 4 minuter
Tillagningstid: 0 minuter
Portioner: 4

Ingredienser:
- 4 persikor, urkärnade och skurna i tärningar
- 1 kopp kalamataoliver, urkärnade och halverade
- 1 avokado, urkärnad, skalad och skuren i tärningar
- 1 kopp körsbärstomater, halverade
- 1 matsked olivolja
- 1 matsked limejuice
- 1 msk koriander, hackad

Vägbeskrivning:
1. I en skål, kombinera persikorna med oliverna och övriga ingredienser, blanda väl och servera kallt.

Näring: kalorier 200, fett 7,5, fibrer 5, kolhydrater 13,3, protein 4,9

Morotschips

Förberedelsetid: 10 minuter
Tillagningstid: 20 minuter
Portioner: 4

Ingredienser:
- 4 morötter, tunt skivade
- 2 matskedar olivolja
- En nypa svartpeppar
- 1 tsk söt paprika
- ½ tsk gurkmejapulver
- En nypa röd paprikaflingor

Vägbeskrivning:
1. I en skål, kombinera morotschipsen med oljan och övriga ingredienser och blanda.
2. Fördela pommes frites på en klädd bakplåt, grädda vid 400 grader F i 25 minuter, dela mellan skålar och servera som ett mellanmål.

Näring: kalorier 180, fett 3, fibrer 3,3, kolhydrater 5,8, protein 1,3

Sparrisbitar

Förberedelsetid: 4 minuter
Tillagningstid: 20 minuter
Portioner: 4

Ingredienser:
- 2 msk kokosolja, smält
- 1 pund sparris, putsad och halverad
- 1 tsk vitlökspulver
- 1 tsk rosmarin, torkad
- 1 tsk chilipulver

Vägbeskrivning:
1. I en skål, släng sparrisen med oljan och andra ingredienser, släng, sprid ut på en klädd bakplåt och grädda vid 400 grader F i 20 minuter.
2. Fördela i skålar och servera kallt som mellanmål.

Näring: kalorier 170, fett 4,3, fiber 4, kolhydrater 7, protein 4,5

Bakade fikonskålar

Förberedelsetid: 4 minuter
Tillagningstid: 12 minuter
Portioner: 4

Ingredienser:
- 8 fikon, halverade
- 1 matsked avokadoolja
- 1 tsk muskot, mald

Vägbeskrivning:
1. I en stekpanna, släng fikonen med oljan och muskotnöt, släng och koka vid 400 grader F i 12 minuter.
2. Dela fikonen i små skålar och servera som mellanmål.

Näring: kalorier 180, fett 4,3, fiber 2, kolhydrater 2, protein 3,2

Kål och räkor salsa

Förberedelsetid: 5 minuter
Tillagningstid: 6 minuter
Portioner: 4

Ingredienser:
- 2 dl rödkål, strimlad
- 1 pund räkor, skalade och deveirade
- 1 matsked olivolja
- En nypa svartpeppar
- 2 vårlökar, hackade
- 1 dl tomater, skurna i tärningar
- ½ tsk vitlökspulver

Vägbeskrivning:
1. Hetta upp en panna med oljan på medelvärme, tillsätt räkorna, blanda och koka i 3 minuter på varje sida.
2. I en skål, kombinera kålen med räkorna och övriga ingredienser, blanda, dela i små skålar och servera.

Näring: kalorier 225, fett 9,7, fibrer 5,1, kolhydrater 11,4, protein 4,5

Advokatbostäder

Förberedelsetid: 5 minuter
Tillagningstid: 10 minuter
Portioner: 4

Ingredienser:
- 2 avokado, skalade, urkärnade och skurna i fjärdedelar
- 1 matsked avokadoolja
- 1 matsked limejuice
- 1 tsk koriander, mald

Vägbeskrivning:
1. Fördela avokadoklyftorna på en bakplåtspappersklädd plåt, tillsätt oljan och andra ingredienser, rör om och grädda vid 300 grader F i 10 minuter.
2. Dela i koppar och servera som mellanmål.

Näring: kalorier 212, fett 20,1, fibrer 6,9, kolhydrater 9,8, protein 2

Citrondipp

Förberedelsetid: 4 minuter
Tillagningstid: 0 minuter
Portioner: 4

Ingredienser:
- 1 kopp låg fetthalt färskost
- Svartpeppar efter smak
- ½ dl citronsaft
- 1 msk koriander, hackad
- 3 vitlöksklyftor, hackade

Vägbeskrivning:
1. I din matberedare, kombinera färskosten med citronsaften och övriga ingredienser, blanda väl, dela i skålar och servera.

Näring: kalorier 213, fett 20,5, fibrer 0,2, kolhydrater 2,8, protein 4,8

Sötpotatisdip

Förberedelsetid: 10 minuter
Tillagningstid: 40 minuter
Portioner: 4

Ingredienser:
- 1 dl sötpotatis, skalad och tärnad
- 1 msk grönsaksbuljong med låg natriumhalt
- Matlagningsspray
- 2 matskedar kokosgrädde
- 2 tsk rosmarin, torkad
- Svartpeppar efter smak

Vägbeskrivning:
1. I en ugnsform, kombinera potatisen med buljongen och andra ingredienser, rör om, grädda vid 365 grader F i 40 minuter, överför till din mixer, blanda väl, dela i små skålar och servera

Näring: kalorier 65, fett 2,1, fiber 2, kolhydrater 11,3, protein 0,8

Bönsalsa

Förberedelsetid: 5 minuter
Tillagningstid: 0 minuter
Portioner: 4

Ingredienser:
- 1 kopp konserverade svarta bönor, inget salt tillsatt, avrunnen
- 1 kopp konserverade röda bönor, inget salt tillsatt, avrunnen
- 1 tsk balsamvinäger
- 1 dl körsbärstomater, skurna i tärningar
- 1 matsked olivolja
- 2 schalottenlök, hackade

Vägbeskrivning:
1. I en skål, kombinera bönorna med vinägern och övriga ingredienser, blanda och servera som ett festsnack.

Näring: kalorier 362, fett 4,8, fibrer 14,9, kolhydrater 61, protein 21,4

Salsa av gröna bönor

Förberedelsetid: 10 minuter
Tillagningstid: 10 minuter
Portioner: 4

Ingredienser:
- 1 pund gröna bönor, putsade och halverade
- 1 matsked olivolja
- 2 tsk kapris, avrunnen
- 6 uns gröna oliver, urkärnade och skivade
- 4 vitlöksklyftor, hackade
- 1 matsked limejuice
- 1 msk oregano, hackad
- Svartpeppar efter smak

Vägbeskrivning:
1. Hetta upp en panna med oljan på medelhög värme, tillsätt vitlöken och haricots verts, blanda och koka i 3 minuter.
2. Tillsätt resten av ingredienserna, blanda, koka i ytterligare 7 minuter, dela i små koppar och servera kallt.

Näring: kalorier 111, fett 6,7, fibrer 5,6, kolhydrater 13,2, protein 2,9

Morotsspridning

Förberedelsetid: 10 minuter
Tillagningstid: 30 minuter
Portioner: 4

Ingredienser:
- 1 pund morötter, skalade och hackade
- ½ kopp valnötter, hackade
- 2 dl grönsaksbuljong med låg natriumhalt
- 1 dl kokosgrädde
- 1 msk rosmarin, hackad
- 1 tsk vitlökspulver
- ¼ tesked rökt paprika

Vägbeskrivning:
1. Kombinera morötterna med fonden, nötterna och övriga ingredienser utom grädden och rosmarin i en liten kastrull, rör om, låt koka upp på medelvärme, koka i 30 minuter, låt rinna av och blanda.
2. Tillsätt grädden, blanda väl, dela i skålar, strö över rosmarin och servera.

Näring: kalorier 201, fett 8,7, fibrer 3,4, kolhydrater 7,8, protein 7,7

Tomatdip

Förberedelsetid: 10 minuter
Tillagningstid: 10 minuter
Portioner: 4

Ingredienser:
- 1 pund tomater, skalade och hackade
- ½ kopp vitlök, hackad
- 2 matskedar olivolja
- En nypa svartpeppar
- 2 schalottenlök, hackade
- 1 tsk timjan, torkad

Vägbeskrivning:
1. Hetta upp en panna med oljan på medelhög värme, tillsätt vitlök och schalottenlök, rör om och fräs i 2 minuter.
2. Tillsätt tomaterna och övriga ingredienser, koka i ytterligare 8 minuter och blanda.
3. Blanda väl, dela i små koppar och servera som mellanmål.

Näring: kalorier 232, fett 11,3, fibrer 3,9, kolhydrater 7,9, protein 4,5

Laxskålar

Förberedelsetid: 10 minuter
Tillagningstid: 0 minuter
Portioner: 6

Ingredienser:
- 1 matsked avokadoolja
- 1 msk balsamvinäger
- ½ tsk oregano, torkad
- 1 dl rökt lax, utan salt, benfri, skinnfri och tärnad
- 1 kopp salsa
- 4 koppar babyspenat

Vägbeskrivning:
1. I en skål, kombinera laxen med salsan och övriga ingredienser, blanda, dela i små koppar och servera.

Näring: kalorier 281, fett 14,4, fibrer 7,4, kolhydrater 18,7, protein 7,4

Tomat och majssalsa

Förberedelsetid: 4 minuter
Tillagningstid: 0 minuter
Portioner: 4

Ingredienser:
- 3 koppar majs
- 2 dl tomater, i tärningar
- 2 salladslökar, hackade
- 2 matskedar olivolja
- 1 röd paprika, hackad
- ½ msk gräslök, hackad

Vägbeskrivning:
1. I en salladsskål, kombinera tomaterna med majsen och övriga ingredienser, blanda och servera kallt som mellanmål.

Näring: kalorier 178, fett 8,6, fibrer 4,5, kolhydrater 25,9, protein 4,7

Bakad svamp

Förberedelsetid: 10 minuter
Tillagningstid: 25 minuter
Portioner: 4

Ingredienser:
- 1 pund små svampkapsyler
- 2 matskedar olivolja
- 1 msk gräslök, hackad
- 1 msk rosmarin, hackad
- Svartpeppar efter smak

Vägbeskrivning:
1. Placera svamp i en stekpanna, tillsätt olja och resterande ingredienser, blanda, grädda vid 400 grader F i 25 minuter, dela i skålar och servera som ett mellanmål.

Näring: kalorier 215, fett 12,3, fibrer 6,7, kolhydrater 15,3, protein 3,5

Bönspridning

Förberedelsetid: 5 minuter
Tillagningstid: 0 minuter
Portioner: 4

Ingredienser:
- ½ dl kokosgrädde
- 1 matsked olivolja
- 2 koppar konserverade svarta bönor, inget salt tillsatt, avrunna och sköljda
- 2 matskedar salladslök, hackad

Vägbeskrivning:
1. I en mixer, kombinera bönorna med grädden och övriga ingredienser, blanda väl, dela i skålar och servera.

Näring: kalorier 311, fett 13,5, fiber 6, kolhydrater 18,0, protein 8

Koriander Fänkål Salsa

Förberedelsetid: 5 minuter
Tillagningstid: 0 minuter
Portioner: 4

Ingredienser:
- 2 vårlökar, hackade
- 2 fänkålslökar, skivade
- 1 grön chilipeppar, hackad
- 1 tomat, hackad
- 1 tesked gurkmejapulver
- 1 tsk limejuice
- 2 msk koriander, hackad
- Svartpeppar efter smak

Vägbeskrivning:
1. I en salladsskål, kombinera fänkålen med löken och övriga ingredienser, blanda, dela i skålar och servera.

Näring: kalorier 310, fett 11,5, fibrer 5,1, kolhydrater 22,3, protein 6,5

Brysselkålsbitar

Förberedelsetid: 10 minuter
Tillagningstid: 25 minuter
Portioner: 4

Ingredienser:
- 1 pund brysselkål, putsad och halverad
- 2 matskedar olivolja
- 1 msk spiskummin, mald
- 1 dl dill, hackad
- 2 vitlöksklyftor, hackade

Vägbeskrivning:
1. I en stekpanna, släng brysselkålen med oljan och andra ingredienser, släng och koka vid 390 grader F i 25 minuter.
2. Dela groddarna i skålar och servera som mellanmål.

Näring: kalorier 270, fett 10,3, fibrer 5,2, kolhydrater 11,1, protein 6

Balsamiska nötbitar

Förberedelsetid: 10 minuter
Tillagningstid: 15 minuter
Portioner: 4

Ingredienser:
- 2 koppar valnötter
- 3 matskedar röd vinäger
- En klick olivolja
- En nypa cayennepeppar
- En nypa röd paprikaflingor
- Svartpeppar efter smak

Vägbeskrivning:
1. Bred ut nötterna på en bakplåtspappersklädd plåt, tillsätt vinägern och andra ingredienser, blanda och rosta vid 400 grader F i 15 minuter.
2. Dela nötterna i skålar och servera.

Näring: kalorier 280, fett 12,2, fiber 2, kolhydrater 15,8, protein 6

Rädisa chips

Förberedelsetid: 10 minuter
Tillagningstid: 20 minuter
Portioner: 4

Ingredienser:
- 1 pund rädisor, tunt skivade
- En nypa gurkmejapulver
- Svartpeppar efter smak
- 2 matskedar olivolja

Vägbeskrivning:
1. Bred ut rädisorna på en bakplåtspappersklädd plåt, tillsätt oljan och andra ingredienser, rör om och grädda vid 400 grader F i 20 minuter.
2. Fördela pommes fritesen i skålar och servera.

Näring: kalorier 120, fett 8,3, fiber 1, kolhydrater 3,8, protein 6

Purjolöks- och räksallad

Förberedelsetid: 4 minuter
Tillagningstid: 0 minuter
Portioner: 4

Ingredienser:
- 2 purjolök, skivad
- 1 kopp koriander, hackad
- 1 pund räkor, skalade, deveirade och kokta
- Saft av 1 lime
- 1 msk limeskal, rivet
- 1 kopp körsbärstomater, halverade
- 2 matskedar olivolja
- Salt och svartpeppar efter smak

Vägbeskrivning:
1. I en salladsskål, kombinera räkorna med purjolöken och övriga ingredienser, blanda, dela i små skålar och servera.

Näring: kalorier 280, fett 9,1, fibrer 5,2, kolhydrater 12,6, protein 5

Purjolöksdipp

Förberedelsetid: 5 minuter
Tillagningstid: 0 minuter
Portioner: 4

Ingredienser:
- 1 matsked citronsaft
- ½ kopp låg fetthalt färskost
- 2 matskedar olivolja
- Svartpeppar efter smak
- 4 purjolök, hackad
- 1 msk koriander, hackad

Vägbeskrivning:
1. Kombinera färskosten med purjolöken och övriga ingredienser i en mixer, blanda väl, dela upp i skålar och servera som partydipp.

Näring: kalorier 300, fett 12,2, fibrer 7,6, kolhydrater 14,7, protein 5,6

Pepparsallad

Förberedelsetid: 5 minuter
Tillagningstid: 0 minuter
Portioner: 4

Ingredienser:
- ½ pund röd paprika, skuren i tunna strimlor
- 3 salladslökar, hackade
- 1 matsked olivolja
- 2 tsk ingefära, riven
- ½ tsk rosmarin, torkad
- 3 matskedar balsamvinäger

Vägbeskrivning:
1. I en salladsskål, kombinera paprikan med löken och övriga ingredienser, blanda, dela i små skålar och servera.

Näring: kalorier 160, fett 6, fiber 3, kolhydrater 10,9, protein 5,2

Avokadopålägg

Förberedelsetid: 4 minuter
Tillagningstid: 0 minuter
Portioner: 4

Ingredienser:
- 2 msk dill, hackad
- 1 schalottenlök, hackad
- 2 vitlöksklyftor, hackade
- 2 avokado, skalade, urkärnade och hackade
- 1 dl kokosgrädde
- 2 matskedar olivolja
- 2 matskedar limejuice
- Svartpeppar efter smak

Vägbeskrivning:
1. I en mixer, kombinera avokadon med schalottenlök, vitlök och övriga ingredienser, blanda väl, dela i små skålar och servera som mellanmål.

Näring: kalorier 300, fett 22,3, fibrer 6,4, kolhydrater 42, protein 8,9

Majsdopp

Förberedelsetid: 30 minuter
Tillagningstid: 0 minuter
Portioner: 4

Ingredienser:
- En nypa cayennepeppar
- En nypa svartpeppar
- 2 koppar majs
- 1 dl kokosgrädde
- 2 matskedar citronsaft
- 2 matskedar avokadoolja

Vägbeskrivning:
1. I en mixer, kombinera majsen med grädden och övriga ingredienser, blanda väl, dela i skålar och servera som en festdipp.

Näring: kalorier 215, fett 16,2, fibrer 3,8, kolhydrater 18,4, protein 4

Bönbarer

Förberedelsetid: 2 timmar
Tillagningstid: 0 minuter
Portioner: 12

Ingredienser:
- 1 kopp konserverade svarta bönor, inget salt tillsatt, avrunnen
- 1 dl kokosflingor, osötade
- 1 kopp smör med låg fetthalt
- ½ dl chiafrön
- ½ dl kokosgrädde

Vägbeskrivning:
1. I en mixer, kombinera bönorna med kokosflingorna och övriga ingredienser, blanda väl, fördela allt i en fyrkantig form, pressa, förvara i kylen i 2 timmar, skär i medelstora barer och servera.

Näring: kalorier 141, fett 7, fibrer 5, kolhydrater 16,2, protein 5

Blandade pumpafrön och äppelchips

Förberedelsetid: 10 minuter
Tillagningstid: 2 timmar
Portioner: 4

Ingredienser:
- Matlagningsspray
- 2 tsk muskotnöt, mald
- 1 kopp pumpafrön
- 2 äpplen, kärnade ur och tunt skivade

Vägbeskrivning:
1. Ordna pumpafröna och äppelchipsen på en plåt klädd med bakplåtspapper, strö dem med muskotnöt, smörj dem med sprayen, ställ in i ugnen och grädda i 300 grader F i 2 timmar.
2. Dela upp i skålar och servera som mellanmål.

Näring: kalorier 80, fett 0, fiber 3, kolhydrater 7, protein 4

Tomat och yoghurtdipp

Förberedelsetid: 5 minuter
Tillagningstid: 0 minuter
Portioner: 4

Ingredienser:
- 2 dl fettfri grekisk yoghurt
- 1 msk persilja, hackad
- ¼ kopp konserverade tomater, inget salt tillsatt, hackade
- 2 msk gräslök, hackad
- Svartpeppar efter smak

Vägbeskrivning:
1. Blanda i en skål yoghurten med persiljan och övriga ingredienser, vispa väl, dela i små skålar och servera som en festdipp.

Näring: kalorier 78, fett 0, fibrer 0,2, kolhydrater 10,6, protein 8,2

Cayenne rödbetor skålar

Förberedelsetid: 10 minuter
Tillagningstid: 35 minuter
Portioner: 2

Ingredienser:
- 1 tsk cayennepeppar
- 2 rödbetor, skalade och skurna i tärningar
- 1 tsk rosmarin, torkad
- 1 matsked olivolja
- 2 teskedar limejuice

Vägbeskrivning:
1. I en stekpanna, kombinera rödbetsbitarna med cayennepeppar och andra ingredienser, släng, ställ in i ugnen, rosta vid 355 grader F i 35 minuter, dela i små skålar och servera som ett mellanmål.

Näring: kalorier 170, fett 12,2, fiber 7, kolhydrater 15,1, protein 6

Skålar med valnöt och pekannöt

Förberedelsetid: 10 minuter
Tillagningstid: 10 minuter
Portioner: 4

Ingredienser:
- 2 koppar valnötter
- 1 dl pekannötter, hackade
- 1 tsk avokadoolja
- ½ tsk söt paprika

Vägbeskrivning:
1. Fördela russin och pekannötter på en bakplåtspappersklädd plåt, tillsätt oljan och paprikan, rör om och grädda vid 400 grader F i 10 minuter.
2. Dela upp i skålar och servera som mellanmål.

Näring: kalorier 220, fett 12,4, fiber 3, kolhydrater 12,9, protein 5,6

Persilja laxmuffins

Förberedelsetid: 10 minuter
Tillagningstid: 25 minuter
Portioner: 4

Ingredienser:
- 1 kopp mager mozzarellaost, riven
- 8 uns rökt lax, skinnfri, benfri och hackad
- 1 dl mandelmjöl
- 1 ägg, uppvispat
- 1 tsk persilja, torkad
- 1 vitlöksklyfta, hackad
- Svartpeppar efter smak
- Matlagningsspray

Vägbeskrivning:
1. I en skål, kombinera laxen med mozzarellan och de andra ingredienserna förutom matlagningssprayen och blanda väl.
2. Dela den här blandningen i en muffinspanna smord med matlagningsspray, grädda vid 375 grader F i 25 minuter och servera som ett mellanmål.

Näring: kalorier 273, fett 17, fibrer 3,5, kolhydrater 6,9, protein 21,8

Squashbollar

Förberedelsetid: 10 minuter
Tillagningstid: 20 minuter
Portioner: 8

Ingredienser:
- En klick olivolja
- 1 stor butternutsquash, skalad och hackad
- 2 msk koriander, hackad
- 2 ägg, vispade
- ½ kopp fullkornsmjöl
- Svartpeppar efter smak
- 2 schalottenlök, hackade
- 2 vitlöksklyftor, hackade

Vägbeskrivning:
1. I en skål, kombinera squashen med koriandern och övriga ingredienser utom oljan, blanda väl och forma medelstora bollar med denna blandning.
2. Ordna dem på en plåt täckt med bakplåtspapper, smörj dem med olja, grädda vid 400 grader F i 10 minuter på varje sida, dela i skålar och servera.

Näring: kalorier 78, fett 3, fibrer 0,9, kolhydrater 10,8, protein 2,7

Ostpärllökskålar

Förberedelsetid: 10 minuter
Tillagningstid: 30 minuter
Portioner: 8

Ingredienser:
- 20 vita pärllökar, skalade
- 3 msk persilja, hackad
- 1 msk gräslök, hackad
- Svartpeppar efter smak
- 1 kopp låg fetthalt mozzarella, strimlad
- 1 matsked olivolja

Vägbeskrivning:
1. Bred ut pärllöken på en bakplåtspappersklädd plåt, tillsätt olja, persilja, gräslök och svartpeppar och blanda.
2. Strö mozzarella ovanpå, grädda vid 390 grader F i 30 minuter, dela upp i skålar och servera kallt som mellanmål.

Näring: kalorier 136, fett 2,7, fiber 6, kolhydrater 25,9, protein 4,1

Broccolibars

Förberedelsetid: 10 minuter
Tillagningstid: 25 minuter
Portioner: 8

Ingredienser:
- 1 pund broccolibuktor, hackade
- ½ kopp mager mozzarellaost, riven
- 2 ägg, vispade
- 1 tsk oregano, torkad
- 1 tsk basilika, torkad
- Svartpeppar efter smak

Vägbeskrivning:
1. Blanda i en skål broccolin med osten och övriga ingredienser, blanda väl, bred ut i en rektangelform och tryck till ordentligt i botten.
2. Placera i 380 grader F ugn, grädda i 25 minuter, skär i barer och servera kallt.

Näring: kalorier 46, fett 1,3, fibrer 1,8, kolhydrater 4,2, protein 5

Ananas och tomat salsa

Förberedelsetid: 10 minuter
Tillagningstid: 40 minuter
Portioner: 4

Ingredienser:
- 20 uns konserverad ananas, avrunnen och tärnad
- 1 dl soltorkade tomater, i tärningar
- 1 msk basilika, hackad
- 1 matsked avokadoolja
- 1 tsk limejuice
- 1 kopp svarta oliver, urkärnade och skivade
- Svartpeppar efter smak

Vägbeskrivning:
1. I en skål, kombinera ananastärningarna med tomaterna och övriga ingredienser, blanda, dela i mindre koppar och servera som mellanmål.

Näring: kalorier 125, fett 4,3, fibrer 3,8, kolhydrater 23,6, protein 1,5

Blandad kalkon och kronärtskockor

Förberedelsetid: 5 minuter
Tillagningstid: 25 minuter
Portioner: 4

Ingredienser:
- 2 matskedar olivolja
- 1 kalkonbröst, utan skinn, benfritt och skivat
- En nypa svartpeppar
- 1 msk basilika, hackad
- 3 vitlöksklyftor, hackade
- 14 uns konserverade kronärtskockor, inget salt tillsatt, hackad
- 1 dl kokosgrädde
- ¾ kopp låg fetthalt mozzarella, strimlad

Vägbeskrivning:
1. Hetta upp en panna med oljan på medelhög värme, tillsätt kött, vitlök och svartpeppar, blanda och koka i 5 minuter.
2. Tillsätt resten av ingredienserna förutom osten, blanda och koka på medelvärme i 15 minuter.
3. Strö över osten, koka i ytterligare 5 minuter, dela mellan tallrikar och servera.

Näring: kalorier 300, fett 22,2, fibrer 7,2, kolhydrater 16,5, protein 13,6

Oregano Turkietmix

Förberedelsetid: 10 minuter
Tillagningstid: 30 minuter
Portioner: 4

Ingredienser:
- 2 matskedar avokadoolja
- 1 rödlök, hackad
- 2 vitlöksklyftor, hackade
- En nypa svartpeppar
- 1 msk oregano, hackad
- 1 stort kalkonbröst, utan skinn, utan ben och skär i tärningar
- 1 och ½ koppar nötköttsbuljong med låg natriumhalt
- 1 msk gräslök, hackad

Vägbeskrivning:
1. Hetta upp en panna med oljan på medelvärme, tillsätt löken, rör om och fräs i 3 minuter.
2. Tillsätt vitlök och kött, blanda och koka ytterligare 3 minuter.
3. Tillsätt resten av ingredienserna, blanda, låt puttra på medelvärme i 25 minuter, fördela mellan tallrikar och servera.

Näring: kalorier 76, fett 2,1, fibrer 1,7, kolhydrater 6,4, protein 8,3

apelsinkyckling

Förberedelsetid: 10 minuter
Tillagningstid: 35 minuter
Portioner: 4

Ingredienser:
- 1 matsked avokadoolja
- 1 pund kycklingbröst, utan skinn, benfritt och halverat
- 2 vitlöksklyftor, hackade
- 2 schalottenlök, hackade
- ½ kopp apelsinjuice
- 1 msk apelsinskal, rivet
- 3 matskedar balsamvinäger
- 1 tsk rosmarin, hackad

Vägbeskrivning:
1. Hetta upp en panna med oljan på medelhög värme, tillsätt schalottenlök och vitlök, blanda och fräs i 2 minuter.
2. Tillsätt köttet, rör om försiktigt och koka ytterligare 3 minuter.
3. Tillsätt resten av ingredienserna, blanda, placera formen i ugnen och grädda i 340 grader F i 30 minuter.
4. Dela mellan tallrikar och servera.

Näring: kalorier 159, fett 3,4, fibrer 0,5, kolhydrater 5,4, protein 24,6

Kalkon med vitlök och svamp

Förberedelsetid: 10 minuter
Tillagningstid: 40 minuter
Portioner: 4

Ingredienser:
- 1 kalkonbröst, benfritt, utan skinn och skär i tärningar
- ½ pund vita svampar, halverade
- 1/3 kopp kokos aminos
- 2 vitlöksklyftor, hackade
- 2 matskedar olivolja
- En nypa svartpeppar
- 2 salladslökar, hackade
- 3 msk vitlökssås
- 1 msk rosmarin, hackad

Vägbeskrivning:
1. Hetta upp en panna med oljan på medelvärme, tillsätt salladslöken, vitlökssåsen och vitlöken och fräs i 5 minuter.
2. Tillsätt köttet och bryn i ytterligare 5 minuter.
3. Tillsätt resten av ingredienserna, sätt in i ugnen och grädda i 390 grader F i 30 minuter.
4. Fördela blandningen mellan tallrikar och servera.

Näring: kalorier 154, fett 8,1, fibrer 1,5, kolhydrater 11,5, protein 9,8

Kyckling och olivgryta

Förberedelsetid: 10 minuter
Tillagningstid: 25 minuter
Portioner: 4

Ingredienser:
- 1 pund kycklingbröst, utan skinn, ben och grovt tärningar
- En nypa svartpeppar
- 1 matsked avokadoolja
- 1 rödlök, hackad
- 1 kopp kokosmjölk
- 1 matsked citronsaft
- 1 kopp kalamataoliver, urkärnade och skivade
- ¼ kopp koriander, hackad

Vägbeskrivning:
1. Hetta upp en panna med oljan på medelhög värme, tillsätt lök och kött och bryn i 5 minuter.
2. Tillsätt resten av ingredienserna, blanda, låt koka upp och koka på medelvärme i ytterligare 20 minuter.
3. Dela mellan tallrikar och servera.

Näring: kalorier 409, fett 26,8, fibrer 3,2, kolhydrater 8,3, protein 34,9

Balsamisk blandning av kalkon och persikor

Förberedelsetid: 10 minuter
Tillagningstid: 25 minuter
Portioner: 4

Ingredienser:
- 1 matsked avokadoolja
- 1 kalkonbröst, utan skinn, benfritt och skivat
- En nypa svartpeppar
- 1 gul lök, hackad
- 4 persikor, urkärnade och skurna i fjärdedelar
- ¼ kopp balsamvinäger
- 2 msk gräslök, hackad

Vägbeskrivning:
1. Hetta upp en panna med oljan på medelhög värme, tillsätt köttet och löken, blanda och fräs i 5 minuter.
2. Tillsätt resten av ingredienserna förutom gräslöken, blanda försiktigt och grädda vid 390 grader F i 20 minuter.
3. Dela allt mellan tallrikar och servera med gräslöken strös över.

Näring: kalorier 123, fett 1,6, fibrer 3,3, kolhydrater 18,8, protein 9,1

Kokos kyckling och spenat

Förberedelsetid: 10 minuter
Tillagningstid: 25 minuter
Portioner: 4

Ingredienser:
- 1 matsked avokadoolja
- 1 pund kycklingbröst, utan skinn, utan ben och tärningar
- ½ tsk basilika, torkad
- En nypa svartpeppar
- ¼ kopp lågnatrium grönsaksbuljong
- 2 koppar babyspenat
- 2 schalottenlök, hackade
- 2 vitlöksklyftor, hackade
- ½ tsk söt paprika
- 2/3 kopp kokosgrädde
- 2 msk koriander, hackad

Vägbeskrivning:
1. Hetta upp en panna med oljan på medelhög värme, tillsätt kött, basilika, svartpeppar och bryn i 5 minuter.
2. Tillsätt schalottenlök och vitlök och koka i ytterligare 5 minuter.
3. Tillsätt resten av ingredienserna, blanda, låt koka upp och koka på medelvärme i 15 minuter till.
4. Dela mellan tallrikar och servera varma.

Näring: kalorier 237, fett 12,9, fibrer 1,6, kolhydrater 4,7, protein 25,8

Kyckling och sparrisblandning

Förberedelsetid: 10 minuter
Tillagningstid: 25 minuter
Portioner: 4

Ingredienser:
- 2 kycklingbröst, utan skinn, ben och skurna i tärningar
- 2 matskedar avokadoolja
- 2 vårlökar, hackade
- 1 knippe sparris, putsad och halverad
- ½ tsk söt paprika
- En nypa svartpeppar
- 14 uns konserverade tomater, inget salt tillsatt, avrunna och hackade

Vägbeskrivning:
1. Hetta upp en panna med oljan på medelhög värme, tillsätt köttet och vårlöken, rör om och koka i 5 minuter.
2. Tillsätt sparrisen och övriga ingredienser, blanda, täck pannan och koka på medelvärme i 20 minuter.
3. Dela allt mellan tallrikar och servera.

Näring: kalorier 171, fett 6,4, fibrer 2,6, kolhydrater 6,4, protein 22,2

Krämig kalkon och broccoli

Förberedelsetid: 10 minuter
Tillagningstid: 25 minuter
Portioner: 4

Ingredienser:
- 1 matsked olivolja
- 1 stort kalkonbröst, utan skinn, utan ben och skär i tärningar
- 2 dl broccolibuktor
- 2 schalottenlök, hackade
- 2 vitlöksklyftor, hackade
- 1 msk basilika, hackad
- 1 msk koriander, hackad
- ½ dl kokosgrädde

Vägbeskrivning:
1. Hetta upp en panna med oljan på medelhög värme, tillsätt köttet, schalottenlök och vitlök, blanda och stek i 5 minuter.
2. Tillsätt broccolin och övriga ingredienser, blanda allt, koka i 20 minuter på medelvärme, dela mellan tallrikar och servera.

Näring: kalorier 165, fett 11,5, fibrer 2,1, kolhydrater 7,9, protein 9,6

Blandade gröna bönor med kyckling och dill

Förberedelsetid: 10 minuter
Tillagningstid: 25 minuter
Portioner: 4

Ingredienser:
- 2 matskedar olivolja
- 10 uns gröna bönor, putsade och halverade
- 1 gul lök, hackad
- 1 msk dill, hackad
- 2 kycklingbröst, utan skinn, utan ben och halverade
- 2 dl tomatsås, inget salt tillsatt
- ½ tsk röd paprikaflingor, krossade

Vägbeskrivning:
1. Hetta upp en panna med oljan på medelhög värme, tillsätt lök och kött och bryn i 2 minuter på varje sida.
2. Tillsätt haricots verts och andra ingredienser, blanda, sätt in i ugnen och tillaga vid 380 grader F i 20 minuter.
3. Fördela mellan tallrikar och servera direkt.

Näring: kalorier 391, fett 17,8, fiber 5, kolhydrater 14,8, protein 43,9

Zucchini med kyckling och chili

Förberedelsetid: 5 minuter
Tillagningstid: 25 minuter
Portioner: 4

Ingredienser:
- 1 pund kycklingbröst, utan skinn, ben och tärningar
- 1 kopp kycklingbuljong med låg natriumhalt
- 2 zucchini, skurna i stora tärningar
- 1 matsked olivolja
- 1 kopp konserverade tomater, utan salt tillsatt, hackade
- 1 gul lök, hackad
- 1 tsk chilipulver
- 1 msk koriander, hackad

Vägbeskrivning:
1. Hetta upp en panna med oljan på medelhög värme, tillsätt köttet och löken, blanda och fräs i 5 minuter.
2. Tillsätt zucchinin och resten av ingredienserna, blanda försiktigt, sänk värmen till medel och koka i 20 minuter.
3. Dela allt mellan tallrikar och servera.

Näring: kalorier 284, fett 12,3, fibrer 2,4, kolhydrater 8, protein 35

Blandad avokado och kyckling

Förberedelsetid: 10 minuter
Tillagningstid: 20 minuter
Portioner: 4

Ingredienser:
- 2 kycklingbröst, utan skinn, utan ben och halverade
- Saften av ½ citron
- 2 matskedar olivolja
- 2 vitlöksklyftor, hackade
- ½ dl grönsaksbuljong med låg natriumhalt
- 1 avokado, skalad, urkärnad och skuren i fjärdedelar
- En nypa svartpeppar

Vägbeskrivning:
1. Hetta upp en panna med oljan på medelvärme, tillsätt vitlök och kött och bryn i 2 minuter på varje sida.
2. Tillsätt citronsaften och övriga ingredienser, låt koka upp och koka på medelvärme i 15 minuter.
3. Dela allt mellan tallrikarna och servera.

Näring: kalorier 436, fett 27,3, fibrer 3,6, kolhydrater 5,6, protein 41,8

Turkiet och Bok Choy

Förberedelsetid: 10 minuter
Tillagningstid: 20 minuter
Portioner: 4

Ingredienser:
- 1 kalkonbröst, benfritt, utan skinn och grovt skuret i tärningar
- 2 salladslökar, hackade
- 1 pund bok choy, riven
- 2 matskedar olivolja
- ½ tsk ingefära, riven
- En nypa svartpeppar
- ½ dl grönsaksbuljong med låg natriumhalt

Vägbeskrivning:
1. Hetta upp en panna med oljan på medelhög värme, tillsätt salladslöken och ingefäran och fräs i 2 minuter.
2. Tillsätt köttet och bryn i ytterligare 5 minuter.
3. Tillsätt resten av ingredienserna, blanda, låt sjuda i ytterligare 13 minuter, dela mellan tallrikar och servera.

Näring: kalorier 125, fett 8, fibrer 1,7, kolhydrater 5,5, protein 9,3

Kyckling med rödlökmix

Förberedelsetid: 10 minuter
Tillagningstid: 25 minuter
Portioner: 4

Ingredienser:
- 2 kycklingbröst, utan skinn, ben och grovt skurna i tärningar
- 3 rödlökar, skivade
- 2 matskedar olivolja
- 1 dl grönsaksbuljong med låg natriumhalt
- En nypa svartpeppar
- 1 msk koriander, hackad
- 1 msk gräslök, hackad

Vägbeskrivning:
1. Hetta upp en panna med oljan på medelvärme, tillsätt löken och en nypa svartpeppar och fräs i 10 minuter, rör ofta.
2. Tillsätt kycklingen och koka ytterligare 3 minuter.
3. Tillsätt resterande ingredienser, låt koka upp och koka på medelvärme i ytterligare 12 minuter.
4. Fördela kyckling- och lökblandningen mellan tallrikar och servera.

Näring: kalorier 364, fett 17,5, fiber 2,1, kolhydrater 8,8, protein 41,7

Varm kalkon och ris

Förberedelsetid: 10 minuter
Tillagningstid: 42 minuter
Portioner: 4

Ingredienser:
- 1 kalkonbröst, utan skinn, utan ben och skuren i tärningar
- 1 kopp vitt ris
- 2 dl grönsaksbuljong med låg natriumhalt
- 1 tsk varm paprika
- 2 små Serrano-peppar, hackade
- 2 vitlöksklyftor, hackade
- 2 matskedar olivolja
- ½ hackad röd paprika
- En nypa svartpeppar

Vägbeskrivning:
1. Hetta upp en panna med olja på medelvärme, tillsätt Serrano-peppar och vitlök och fräs i 2 minuter.
2. Lägg i köttet och bryn det i 5 minuter.
3. Tillsätt riset och övriga ingredienser, låt koka upp och koka på medelvärme i 35 minuter.
4. Rör om, dela mellan tallrikar och servera.

Näring: kalorier 271, fett 7,7, fibrer 1,7, kolhydrater 42, protein 7,8

Citronpurjolök och kyckling

Förberedelsetid: 10 minuter
Tillagningstid: 40 minuter
Portioner: 4

Ingredienser:
- 1 pund kycklingbröst, utan skinn, utan ben och tärningar
- En nypa svartpeppar
- 2 matskedar avokadoolja
- 1 msk tomatsås, inget salt tillsatt
- 1 dl grönsaksbuljong med låg natriumhalt
- 4 purjolök, grovt hackad
- ½ dl citronsaft

Vägbeskrivning:
1. Hetta upp en panna med oljan på medelvärme, tillsätt purjolöken, blanda och fräs i 10 minuter.
2. Tillsätt kycklingen och övriga ingredienser, blanda, koka på medelvärme i ytterligare 20 minuter, dela mellan tallrikar och servera.

Näring: kalorier 199, fett 13,3, fiber 5, kolhydrater 7,6, protein 17,4

Kalkon med Savoy Kål Mix

Förberedelsetid: 10 minuter
Tillagningstid: 35 minuter
Portioner: 4

Ingredienser:
- 1 stort kalkonbröst, utan skinn, utan ben och skär i tärningar
- 1 kopp kycklingbuljong med låg natriumhalt
- 1 msk kokosolja, smält
- 1 savojkål, riven
- 1 tsk chilipulver
- 1 tsk söt paprika
- 1 vitlöksklyfta, hackad
- 1 gul lök, hackad
- En nypa salt och svartpeppar

Vägbeskrivning:
1. Hetta upp en panna med oljan på medelvärme, lägg i köttet och bryn i 5 minuter.
2. Tillsätt vitlök och lök, blanda och fräs i ytterligare 5 minuter.
3. Tillsätt kålen och övriga ingredienser, blanda, låt koka upp och koka på medelvärme i 25 minuter.
4. Dela allt mellan tallrikar och servera.

Näring: kalorier 299, fett 14,5, fiber 5, kolhydrater 8,8, protein 12,6

Paprikalökskyckling

Förberedelsetid: 10 minuter
Tillagningstid: 30 minuter
Portioner: 4

Ingredienser:
- 1 pund kycklingbröst, utan skinn, benfritt och skivat
- 4 salladslökar, hackade
- 1 matsked olivolja
- 1 msk söt paprika
- 1 kopp kycklingbuljong med låg natriumhalt
- 1 msk ingefära, riven
- 1 tsk oregano, torkad
- 1 tsk spiskummin, mald
- 1 tsk kryddpeppar, mald
- ½ kopp koriander, hackad
- En nypa svartpeppar

Vägbeskrivning:
1. Hetta upp en panna med oljan på medelvärme, tillsätt salladslöken och köttet och bryn i 5 minuter.
2. Tillsätt resten av ingredienserna, blanda, sätt in i ugnen och grädda vid 390 grader F i 25 minuter.
3. Fördela kyckling- och salladsblandningen mellan tallrikar och servera.

Näring: kalorier 295, fett 12,5, fibrer 6,9, kolhydrater 22,4, protein 15,6

Kyckling och senapssås

Förberedelsetid: 10 minuter
Tillagningstid: 35 minuter
Portioner: 4

Ingredienser:
- 1 pund kycklinglår, ben- och skinnfria
- 1 matsked avokadoolja
- 2 matskedar senap
- 1 schalottenlök, hackad
- 1 kopp kycklingbuljong med låg natriumhalt
- En nypa salt och svartpeppar
- 3 vitlöksklyftor, hackade
- ½ tsk basilika, torkad

Vägbeskrivning:
1. Hetta upp en panna med oljan på medelvärme, tillsätt schalottenlök, vitlök och kyckling och bryn allt i 5 minuter.
2. Tillsätt senap och resten av ingredienserna, blanda försiktigt, låt koka upp och koka på medelvärme i 30 minuter.
3. Dela allt mellan tallrikarna och servera varmt.

Näring: kalorier 299, fett 15,5, fibrer 6,6, kolhydrater 30,3, protein 12,5

Kyckling och selleri blanda

Förberedelsetid: 10 minuter
Tillagningstid: 35 minuter
Portioner: 4

Ingredienser:
- En nypa svartpeppar
- 2 pund kycklingbröst, utan skinn, utan ben och tärningar
- 2 matskedar olivolja
- 1 dl selleri, hackad
- 3 vitlöksklyftor, hackade
- 1 poblano paprika, hackad
- 1 dl grönsaksbuljong med låg natriumhalt
- 1 tsk chilipulver
- 2 msk gräslök, hackad

Vägbeskrivning:
1. Hetta upp en panna med oljan på medelvärme, tillsätt vitlök, selleri och poblanopeppar, blanda och koka i 5 minuter.
2. Tillsätt köttet, blanda och koka i ytterligare 5 minuter.
3. Tillsätt resten av ingredienserna förutom gräslöken, låt koka upp och koka på medelvärme i 25 minuter till.
4. Dela allt mellan tallrikar och servera med gräslöken strös över.

Näring: kalorier 305, fett 18, fibrer 13,4, kolhydrater 22,5, protein 6

Limekalkon med babypotatis

Förberedelsetid: 10 minuter
Tillagningstid: 40 minuter
Portioner: 4

Ingredienser:
- 1 kalkonbröst, utan skinn, benfritt och skivat
- 2 matskedar olivolja
- 1 pund barnpotatis, skalad och halverad
- 1 msk söt paprika
- 1 gul lök, hackad
- 1 tsk chilipulver
- 1 tsk rosmarin, torkad
- 2 dl kycklingbuljong med låg natriumhalt
- En nypa svartpeppar
- Skal av 1 lime, rivet
- 1 matsked limejuice
- 1 msk koriander, hackad

Vägbeskrivning:
1. Hetta upp en panna med oljan på medelvärme, tillsätt lök, chilipulver och rosmarin, blanda och fräs i 5 minuter.
2. Tillsätt köttet och bryn i ytterligare 5 minuter.
3. Tillsätt potatisen och resten av ingredienserna förutom koriandern, blanda försiktigt, låt koka upp och koka på medelvärme i 30 minuter.
4. Fördela blandningen mellan tallrikar och servera med koriander strös över.

Näring: kalorier 345, fett 22,2, fibrer 12,3, kolhydrater 34,5, protein 16,4

Senapsgrön kyckling

Förberedelsetid: 10 minuter
Tillagningstid: 25 minuter
Portioner: 4

Ingredienser:
- 2 kycklingbröst, utan skinn, ben och skurna i tärningar
- 3 koppar senapsgröt
- 1 kopp konserverade tomater, utan salt tillsatt, hackade
- 1 rödlök, hackad
- 2 matskedar avokadoolja
- 1 tsk oregano, torkad
- 2 vitlöksklyftor, hackade
- 1 msk gräslök, hackad
- 1 msk balsamvinäger
- En nypa svartpeppar

Vägbeskrivning:
1. Hetta upp en panna med oljan på medelhög värme, tillsätt lök och vitlök och fräs i 5 minuter.
2. Lägg i köttet och bryn det i ytterligare 5 minuter.
3. Tillsätt de gröna grönsakerna, tomaterna och övriga ingredienser, blanda, koka i 20 minuter på medelvärme, dela mellan tallrikar och servera.

Näring: kalorier 290, fett 12,3, fibrer 6,7, kolhydrater 22,30, proteiner 14,

Ugnsbakad kyckling och äpplen

Förberedelsetid: 10 minuter
Tillagningstid: 50 minuter
Portioner: 4

Ingredienser:
- 2 pund kycklinglår, ben- och skinnfria
- 2 matskedar olivolja
- 2 rödlökar, skivade
- En nypa svartpeppar
- 1 tsk timjan, torkad
- 1 tsk basilika, torkad
- 1 kopp gröna äpplen, kärnade ur och grovt tärnade
- 2 vitlöksklyftor, hackade
- 2 dl kycklingbuljong med låg natriumhalt
- 1 matsked citronsaft
- 1 dl tomater, skurna i tärningar
- 1 msk koriander, hackad

Vägbeskrivning:
1. Hetta upp en panna med olja på medelhög värme, tillsätt lök och vitlök och fräs i 5 minuter.
2. Lägg i kycklingen och bryn i ytterligare 5 minuter.
3. Tillsätt timjan, basilika och andra ingredienser, rör om försiktigt, sätt in i ugnen och grädda vid 390 grader F i 40 minuter.
4. Fördela kycklingen och äpplena mellan tallrikar och servera.

Näring: kalorier 290, fett 12,3, fiber 4, kolhydrater 15,7, protein 10

www.ingramcontent.com/pod-product-compliance
Lightning Source LLC
LaVergne TN
LVHW021707060526
838200LV00050B/2541